El Niño Abusado

Una historia de la vida real de sanidad y esperanza

Ariel Delgado

El Niño Abusado

Derechos de autor © 2022 por Ariel Delgado

Todos los derechos reservados. Ninguna parte de esta publicación puede ser reproducida, almacenada en ningún sistema de recuperación de datos o transmitida en ninguna forma ni por ningún medio - electrónico, mecánico, fotocopia, grabación o cualquier otro -, excepto para breves citas en reseñas, sin el consentimiento previo del editor.

A menos que se indique lo contrario, las citas de las escrituras se toman de la Nueva Versión Internacional de la Biblia.

LA SANTA BIBLIA, NUEVA VERSIÓN INTERNACIONAL® NVI®
Derechos de autor © 1973, 1978, 1984 por la Sociedad Bíblica Internacional®.
Usado con permiso. Todos los derechos reservados en todo el mundo.

ISBN-13: 978-1736564264

Editor de contenido: Dylan Johnson
Editado por Mackenzie Richardson
Diseño de la portada: Scott Soliz
Imagen de la portada: Cooper Ross

Impreso en Estados Unidos de América

DEDICATORIA

Dedico este libro a las siguientes personas:

A mis preciosas hijas:
    Angelina Delgado
    Juliana Delgado

A mi madre:
    Carmen Gladis Acevedo Noda

A mi padre:
    Gregorio René Delgado Fernández

A mis hermanos:
    Estela Delgado
    Fabio Delgado
    Diego Delgado

A todos los hombres y mujeres de la familia Delgado que están por venir.

A mis amigos y mentores:
    Jose Ruiz (Tito)
    Milton Sellanes
    Gabriel Guevara (Polaco)
    Chris Beal
    Trey Dixon
    Greg Gunn
    Ray Sanders
    Randy Allsbury
    Brian and Marla Hill
    Chris Ladyga
    Juan Pablo Suárez
    Juan Contreras

CONTENIDO

Capítulo 1. Donde comienzan las heridas............................9
Capítulo 2 La pregunta inevitable......................................21
Capítulo 3. Mentoreo..33
Capítulo 4. Ya no hay marcha atrás....................................47
Capítulo 5. Tal y como nos amó..59
Capítulo 6. Cuando regresan las heridas............................79
Capítulo 7. Ya basta de ser un "hombre"............................97
Capítulo 8. El comienza de una nueva vida......................111
Capítulo 9. Las expectativas equivocadas del cristianismo...125
Capítulo 10. ¿Cuál es el Propósito?......................................141
Capítulo 11. Amor incondicional..149
Recursos que salvaron mi vida..159

PRÓLOGO

No tenía ni idea.

¿Alguna vez has conocido a alguien sólo para enterarte después que era alguien famoso o que tenía una historia increíble? ¿Has estado con ellos durante un tiempo, pero no tenías ni idea de lo que eran o de lo que habían pasado? Esa es mi experiencia con Ariel Delgado. No tenía ni idea de este hombre más allá del hecho de que compartíamos muchos intereses y amigos.

Sabía que era un hombre agradable, inspirador y súper amigable, que por casualidad también atendía a uno de mis clientes. Mientras yo pasaba mi día entrenando a los líderes de la empresa, ayudándoles a manejar los desafíos en sus vidas profesionales y personales, Ariel dedicaba su tiempo a construir relaciones con todos los empleados siendo el capellán de la empresa. Él era conocido porque los controlaba para asegurarse de que todo iba bien en sus vidas. No tenía ni idea de que había sido un alto ejecutivo corporativo de una de las principales compañías nacionales, que había viajado por todo el mundo como conferencista internacional y que había vivido una vida que podría haber sido fácilmente una película de suspenso de Hollywood. ¡Simplemente no tenía ni idea!

Entre las reuniones con nuestro cliente en común, solíamos tener conversaciones informales. Esas charlas finalmente nos llevaron a una profunda y significativa amistad, como pocas que haya tenido antes. Gracias a esta amistad se revelaron nuestras historias.

Quedamos sorprendidos al descubrir lo parecido de nuestras experiencias a pesar de haber crecido en diferentes partes del mundo. Él en una granja en Suramérica mientras yo crecí en un pequeño pueblo rural norteamericano. Nos habíamos enfrentado a diferentes desafíos y diferentes problemas, aunque una cosa nos conectaba: el quebranto, las heridas y el abuso por parte de otros. Nuestra infancia había traído muchos traumas, pero a través de los desafíos que enfrentamos, los dos habíamos encontrado la esperanza al conocer a Jesús.

Todo el mundo tiene una historia. La historia de Ariel es tanto trágica como victoriosa. Le tomó años tener la valentía de compartir su historia. Me alegro de que lo hiciera. A través de este libro, Ariel lleva consigo a los lectores al lado más oscuro de su vida. Es como si estuviéramos con él, a su lado, experimentando cada doloroso golpe.

Sin embargo, hay esperanza. Tendrás ganas de alentarlo a medida que descubra el secreto que le permita superar la increíble adversidad. Nos inspiran su coraje y su disposición para ser tan honesto, vulnerable y real. Su historia nos hace reconocer nuestro propio quebrantamiento y dolor a medida que también nosotros consideramos la clave para prevalecer en todo lo que la vida ha arrojado en nuestro camino. ¡Ariel puede haber sido una víctima, pero él ha convertido lo que estaba destinado al mal en algo increíblemente bueno!

¡Qué regalo es Ariel Delgado para el mundo! Su historia está destinada a inspirar y traer esperanza a todos los que han dicho alguna vez de otro, "¡No tenía ni idea!".

Ray Sanders
Cofundador de Coaching Leaders, Edify Leaders y un amigo que es como un hermano para el único, Ariel Delgado

CAPÍTULO 1

Depositen en él toda ansiedad, porque él cuida de ustedes 1Pedro 5:7 (NVI)

Donde comienzan las heridas

A una temprana edad, los niños detectan que algo anda mal. Los niños aprenden de su padre cuando son pequeños. Cuando mi hermana Estela y yo éramos muy jóvenes, nos dimos cuenta que nuestra familia no era normal. De hecho, éramos una familia disfuncional. No me llevó mucho tiempo para empezar a aprender algunos malos hábitos de mi familia. Sin embargo, eso no significaba que mi familia fuera del todo mala.

Soy de Uruguay, un pequeño y hermoso país sudamericano entre Argentina y Brasil. Mi infancia fue a veces difícil, pero estoy muy orgulloso de mi herencia, y Uruguay siempre estará cerca de mi corazón. Es un país increíble. Me encantaría ver el avivamiento y la restauración allá.

Mi padre fue un gran ejemplo de un hombre en Uruguay. Era un hombre fuerte y trabajador, siempre haciendo todo lo posible para mantener a su familia. Por ejemplo, cuando yo tenía diez años, mi madre estaba en el hospital por complicaciones del embarazo. Mi padre trabajaba en una granja todos los días para mantener a nuestra familia, y luego tomaba un autobús a la ciudad todos los fines de semana para estar con mi madre. Yo hice mi parte trabajando con él en la granja y cocinando y limpiando a diario.

Un mes antes de que mi madre diera a luz a mis hermanos gemelos, Fabio y Diego, nuestra familia se vio afectada gravemente. Mi padre perdió su trabajo en la granja y nos mudamos a una casita a unos cuantos kilómetros de Libertad, la ciudad más grande de la región. La casa no tenía agua potable ni calefacción. Mi hermana y yo teníamos que hacer varios viajes a la semana a la casa de nuestra tía para sacar agua de un pozo, para luego llevar a casa el recipiente de 10 galones. A los dos niños pequeños les costaba mucho no tropezar y caerse mientras cargaban ese enorme recipiente.

La pesada carga no era más liviana cuando se trataba del calor. Teníamos una pequeña estufa de leña y teníamos que usar los desperdicios que encontrábamos para hacer un pequeño fuego. Como era nuestra única fuente de calor, a menudo teníamos que bañarnos con agua fría durante los fríos inviernos. ¿Cómo nos manteníamos abrigados por la noche? La respuesta, ladrillos. Recuerdo haber corrido a mi habitación después de haber sacado el ladrillo del fuego. La pasé de una toalla a un viejo suéter. Luego, esperé. Después de diez o quince minutos, quité el ladrillo y cubrí mi pequeño cuerpo con ese suéter que estaba caliente. Esperaba que el calor se mantuviera durante toda la noche. Cuando el fuego producía bastante calor, la casa se llenaba de humo porque nuestra chimenea no funcionaba bien. Ninguna de las dos condiciones era buena.

Esta era una vida normal para mi hermana y para mí. Sabíamos que era mala, pero en realidad no sabíamos lo mala que era. Sin embargo, mis padres lo sabían e incluso dejaron de comer para que mi hermana y yo pudiéramos alimentarnos. Mi padre hizo todo lo que pudo por la familia que tanto amaba.

Él tenía una filosofía común entre los hombres de mi país. *Un verdadero hombre siempre es fuerte. Nunca muestra debilidad. Si muestras debilidad, no eres un hombre.*

Mi padre tenía que ser un hombre, pero aún necesitaba una forma de aliviar el estrés, así que se dedicó a la bebida. Solía ir a un bar con sus amigos en un pequeño pueblo vecino y siempre me llevaba con él. Durante los primeros meses, a los dos nos gustaba mucho. Yo me sentaba en un taburete tomando a sorbos una bebida sin alcohol, mientras mi padre tomaba bebidas alcohólicas y se reía con sus amigos. Yo sólo miraba y escuchaba, impregnándome de lecciones sobre lo que significaba ser un hombre de verdad.

"Un hombre de verdad protege y mantiene a su familia".

No todas estas lecciones eran malas.

"Un hombre de verdad toma lo que quiere y da a los demás lo que se merecen."

Algunas lo fueron.

"Un hombre de verdad sabe cómo llevar una mujer a su cama".

Algunas fueron terribles.

No pasó mucho tiempo para que la diversión terminara. Pronto, mi padre dejó de actuar como él mismo en el bar. Se tropezó, a duras penas logrando salir por la puerta. El peso de mi padre superhéroe casi aplasta mi cuerpo de diez años mientras yo trataba de guiarlo por las calles oscuras y vacías.

Empecé a ver nuestra disfunción con mayor claridad. Cada día, mi corazón se rompía un poco más que el día anterior.

Mi hermana y yo queríamos una familia normal que se mantuviera unida y se amara. Sí, nos queríamos, pero trabajar en el campo después de la escuela todos los días para ayudar con los gastos no parecía "normal". Agacharse y labrar la tierra no parecía un trabajo de niños.

Ahora tenía once años y todas las historias de la hombría en el bar rondaban por mi cabeza día tras día. Sentí que era hora de convertirme en un hombre. Necesitaba seguir los pasos de mi padre.

Crecí siendo muy protector de mi hermana mientras trabajaba con otros chicos. Si intentaban hacer algo con ella, me ponía al frente y les daba lo que se merecían. También empecé a tener amigos mayores, y empecé a conocer a un joven en particular. Hablábamos de todos los temas que se te ocurrieran y yo lo admiraba mucho. Era mayor, así que podía ayudarme a convertirme en un hombre, ¿verdad? No me imaginaba que esta amistad daría un giro radical a mi vida.

Lecciones Aprendidas

Aunque no lo puedas decir ya, tengo algunas heridas en mi vida. Las heridas no solo son causadas por el daño físico. El trauma puede causar una herida en el corazón, no sólo en la piel. La mayoría de las heridas más profundas vinieron de mi infancia. Hablaré de mi más profunda herida en el próximo capítulo, sin embargo, antes de adelantarme, necesito que sepas que todos tenemos heridas. Son muy distintas de una persona a otra y se manifiestan en formas muy diferentes, pero todos las tenemos.

Con eso en mente, quiero empezar a hablar de las primeras heridas que todos experimentamos: Las heridas causadas por nuestros padres. Eso puede que ya les suene a algunos de ustedes, pero otros pueden estar pensando, "¿Qué? ¡Tuve unos padres increíbles!" No estoy tratando de restarle importancia a eso. En el libro *Salvaje de Corazón*, el autor, John Eldridge afirma que toda persona ha sido lastimada por sus padres de alguna manera.

Piénsalo: Si somos creyentes en Jesús, sabemos que cada persona ha pecado, ofendiendo a Dios y a los demás con los pensamientos de nuestra mente, las actitudes de nuestro corazón y las acciones. Cada ser humano, excepto Jesús, ha estado separado de una relación con nuestro perfecto Dios por causa de estos pecados, y el castigo final por el pecado es la muerte y el no poder pasar la eternidad con nuestro Padre en el Cielo. Sólo la muerte de Jesús en la cruz lleva ese castigo. Solamente Su resurrección tres días después, nos ofrece una esperanza permanente de salvación del pecado y la muerte, que nos permite tener una relación restaurada con Dios ahora y para siempre.

Piensa en eso en términos de nuestros padres: Incluso el mejor padre ha pecado, y aunque hayan confiado en Jesús, siguen siendo imperfectos hasta que estén con Dios para siempre. A veces, nos hacen daño sin darse cuenta.

Mi historia es un buen ejemplo. La primera herida que mi padre me causó fue su excesivo consumo de alcohol. Estar en el bar con él y llevarlo a casa borracho, moldeó mi punto de vista sobre la hombría y la paternidad. La segunda herida, que vino después, fue cuando mis padres se separaron. Todos los niños quieren una familia feliz y cariñosa, sin embargo, eso me lo arrebataron y mis padres ni siquiera comprendían cuánto daño les hacía a sus hijos.

Ahora, quiero que te imagines estas heridas como si fueran piedras en una mochila. Las heridas tampoco tienen que ser una gran y desgarradora escena de una película. A veces, una herida puede ser algo tan simple como cuando un padre te dice: "No puedes hacer nada bien".

Esas palabras y acciones se quedan con nosotros. Tampoco podemos culpar a nuestros padres. Pusimos algunas de nuestras propias heridas en nuestra mochila. Otras personas aparte de nuestros padres también ponen piedras en nuestras mochilas. Todas estas piedras se vuelven cada vez más pesadas, empujándonos hacia abajo. Mientras continuamos, verás que mi historia muestra ejemplos de diferentes heridas.

Por ahora, pensemos en esa pesada mochila llena de piedras. ¿Qué dice Dios sobre estas piedras que nos hunden?

"Sin embargo, les daré salud y los curaré; los sanaré y haré que disfruten de abundante paz y seguridad". (Jeremías 33:6)

Dios dio este mensaje al pueblo de Israel, el cual estaba inmerso en el pecado y experimentaba la ira de Dios. Sin embargo, en medio de esa oscuridad, Dios hizo una extraordinaria promesa: restauraría a Israel y lo limpiaría de sus pecados, señalando a Jesucristo como su última salvación.

Creo que estas promesas y este versículo también se aplican a nosotros. Dios puede sanar cualquiera de nuestras heridas, ya sean causadas por nosotros mismos o por otros. Él quiere que tengamos abundante paz, así que tenemos que abrirle la puerta.

¿Qué significa esto? Significa que debemos confesar que tenemos heridas. Debemos confesar que hemos pecado y llevar cada pecado y herida a Jesucristo para que nos ayude. Él promete que responderá y perdonará nuestros pecados.

"Si confesamos nuestros pecados, Dios, que es fiel y justo, nos los perdonará y nos limpiará de toda maldad" 1 Juan 1:9 (NVI)

Qué maravillosa garantía. La muerte de Jesús proveyó justicia por nuestros pecados, y ahora que Él ha resucitado, podemos estar seguros de esto. ¡Eso es un triunfo sobre todas y cada una de las heridas que tenemos!

No obstante, el proceso no se detiene ahí. El primer paso es reconocer nuestras heridas, nuestros problemas y nuestras adicciones, y el segundo paso es igual de importante. Tenemos que buscar ayuda. Buscar a alguien en quien puedas confiar y con quien te sientas cómodo confesando tus heridas. Alguien como un amigo cercano, un consejero o un familiar de confianza. La transparencia es fundamental.

Teniendo en cuenta lo que aprendí en el bar, pensé que ser vulnerable era una señal de debilidad. Mucha gente piensa así, pero tenemos que destruir esa mentira. Esa mentira nos mantiene aislados y nos ahoga en nuestras adicciones, sin embargo, admitir que tenemos heridas y pedir ayuda es una señal de fortaleza.

Después de pedir ayuda, es importante tener en cuenta algunos aspectos. La sanidad es un proceso y no hay un tiempo fijo. Podría llevarme un año lograr la sanidad, pero para otra persona podría llevar varios años. Eso no tiene nada de vergonzoso. No obstante, cuando veas el progreso en tu sanidad, empezarás a experimentar la verdadera felicidad.

Pero más importante aún, con la ayuda de Cristo, experimentarás gozo. El gozo es una profunda felicidad del alma, mucho más permanente que un placer o una emoción fugaz. Verás la vida desde una perspectiva diferente. La verás a través de los saludables ojos de Cristo y no a través de tu pasado herido. Experimentarás la libertad en tu mente, corazón y acciones. No serás perfecto, pero descansarás en la certeza de que Cristo te ha liberado.

CAPÍTULO 2

El ladrón no viene más que a robar, matar y destruir; yo he venido para que tengan vida, y la tengan en abundancia. Juan 10:10 (NVI)

La Pregunta Inevitable

Mi hermana Estela y yo fuimos los mejores amigos en la infancia. Entre mas crecíamos, me sentía responsable de protegerla de la trata de blancas y la prostitución que se da en familias pobres como la nuestra. Ahora bien, ¿qué va a hacer un niño de once años?

Decidí que era mejor tener amigos más grandes y más malos que yo. Terminé conociendo a un muchacho un poco mayor que yo que vivía en un barrio cercano. Era divertido y era dos veces más grande que yo. Como ya se ha dicho, los opuestos se atraen, así que nuestra relación funcionó. Hablábamos de todo.

Al menos eso es lo que yo pensaba. Una noche, mencionó el único tema que nunca habíamos discutido.

Preguntó: "¿Qué sabes sobre el sexo, Ariel?"

Me tomó desprevenido y le respondí: "Nada. Escucho a los amigos de mi padre que hablan de eso, pero no lo entiendo".

"No te preocupes, puedo enseñarte".

Me aferré a cada una de sus palabras sobre el sexo. No pasó mucho tiempo antes de que hiciera la pregunta inevitable.

"¿Quieres tener sexo conmigo?"

Aún recuerdo todo sobre aquel momento, desde la mirada en su cara, el tono de su voz, hasta el sentimiento en mi alma. No quería ceder. Quería rechazarlo e irme, pero él tenía un control sobre mí y mis emociones que todavía no entiendo completamente. Tal vez porque lo admiraba mucho. Quizás porque gran parte de lo que sabía sobre el sexo era porque él me lo había enseñado. A lo mejor es porque quería ser un hombre y, aparte de mi padre, era uno de los únicos "hombres" que conocía de verdad.

"Sí". Vacilé. "Tendré sexo contigo".

La destrucción comenzó inmediatamente. Tan pronto como terminó, la culpa y la vergüenza me dominaron. Pensé que este amigo me ayudaría a convertirme en hombre, sin embargo, sentí que había perdido toda la hombría que tanto deseaba. La confusión llenó mis pensamientos y el quebranto llenó mis emociones.

No entendía realmente lo que me había pasado o lo que debía hacer, no obstante, el daño interior que había sufrido me hizo estar seguro de una cosa:

necesitaba crecer rápido y convertirme en un hombre, sin importar lo que costara. Tal vez eso taparía este dolor. Si llegaba a ser un hombre, eso ocultaría este quebranto que me carcomía.

"Si muestras debilidad, no eres un hombre".
Mi padre nunca habló de sus debilidades. Ni tampoco sus amigos. No podía llorar ni hablar de nada que hiriera mis sentimientos, pero, por otro lado, no podía empezar a hablar de lo que me había pasado sin llorar. Supongo que eso significaba que era imposible hablar de eso.
La vulnerabilidad no era parte de la hombría. Por el contrario, tenía que ser fuerte, no sólo por mí, sino por mi hermana y mis hermanos pequeños. Incluso cuando lo decía a mí mismo, el quebranto crecía cada día. Nuevos pensamientos aterradores pasaron por mi mente. "No quiero vivir".

Tenía que compensar esto de alguna manera. Tenía que demostrarle al mundo y a mí mismo que podía ser un hombre de verdad.

"Un hombre de verdad sabe cómo llevar a una mujer a su cama. Puede conseguir a cualquier mujer que quiera".

Un hombre tuvo sexo con mujeres.

"Habla de cómo se ven. Sus pechos, sus traseros. Cuando no las seduzcas, trátalas como sirvientas.

Sólo sirven para cocinar y limpiar. Las mujeres son malas personas, así que sólo debes usarlas para tu propio beneficio".

No lo entendí todo en ese momento, pero me di cuenta de que tener sexo con mujeres era una parte importante de ser un hombre. Entonces, eso es lo que empecé a hacer.

Había una "tradición" para graduarse como hombre, en la que los amigos de alguien pagaban a una prostituta en un bar local para tener sexo con él. Entré en un bar lleno de moho y la encontré esperándome. Me llevó a la parte de atrás del bar. Prácticamente no sabía cómo hacer nada de esto, pero decidí que lo intentaría. Cada uno de mis intentos de "seducirla" me hacía sentir aún más incómodo.
En pocas palabras, esa experiencia no restauró nada. Salí sintiéndome peor que cuando entré. Todavía sentía el quebrantamiento carcomiendo y sentía un anhelo de algo más, pero no sabía cómo arreglarlo. Lo único que pensé que me haría sentir como un hombre no lo hizo.

Los hombres del bar tampoco sabían qué hacer. Mi padre simplemente no sabía qué hacer. Yo tampoco.

¿Quizás una mujer no era suficiente? Tal vez necesitaba más. Entre más mujeres llevara a la cama, más hombre sería. Probablemente ese era el estilo de vida que necesitaba conseguir. No importaba lo que tuviera que decir, no importaba lo que tuviera que hacer, necesitaba estar en la cama con ellas.

Mi situación y mi actitud se salieron de control. Primero, seguí yendo al bar local con mi padre y creyendo lo que sus amigos me decían sobre la "hombría". No me malinterpretes, aquellos hombres no eran malvados ni trataban intencionalmente de llevarme en esa dirección. Estaban tan perdidos como yo porque esa era la clase de hombría que conocían. Sin embargo, sus palabras me enseñaron un estilo de vida equivocado y doloroso.

En segundo lugar, me sumergí en relaciones sexuales poco saludables. Aún sentía que eso redimiría mi abuso y mi pobre desempeño con la prostituta. Tristemente, mejoré cada vez más a la hora de atraer a estas mujeres mientras practicaba. Mi corazón se endureció hacia ellas y no las veía realmente como personas con pensamientos, sentimientos y valor. Una vez que las conseguía, no las trataba bien.

Una vez le dije a una mujer, "Hueles horrible".

Tenía quince años y la música a todo volumen no ahogó mi comentario. Bailamos más despacio y la cara de la chica que estaba frente a mí cambió. Vi que se le llenaban los ojos de lágrimas.

No fueron sólo las palabras, sino la forma como las dije. Yo quería que ella se sintiera herida. Incluso cuando sus amigas me confrontaron por eso unos pocos minutos después, fui igual de grosero con ellas.

"Nunca mantengas a una mujer cerca. Si dejas que te moleste mucho tiempo, te engañará. Un hombre de verdad no se deja engañar".

Necesitaba engañarlas primero. Así me libraría de esas perversas personas. Esta forma asquerosa de pensar no me parecía correcta, pero no sabía qué hacer. Sentía que este estilo de vida me estaba matando, pero enterré cualquier convicción, percibiéndola como una debilidad. Las mujeres buscaban ayuda, pero los hombres de verdad no la necesitaban.

Cuando tenía diecisiete años, empecé una relación con una chica con la que realmente disfrutaba pasar tiempo. Quería hacer las cosas bien, pero desafortunadamente, un estilo de vida de sexo casual no desaparece tan fácilmente. Ojalá hubiera tenido la esperanza que tengo ahora, pero aún faltaban muchos años para eso.

Éramos muy felices juntos, aunque una noche esto cambió. Fuimos a una fiesta en la playa con algunos amigos y todo empezó bien. Ella se divertía y yo también, sin embargo, me sentí atraído para ir a un bar a unas pocas cuadras de distancia. Me fui del grupo y no pasó mucho tiempo antes de que estuviera bebiendo en ese bar.

En cuanto empecé a beber, volví a mi antiguo estilo de vida. Empecé a bailar con las chicas en el bar, y finalmente bailé muy de cerca con una de ellas.

"¡Ariel! ¡¿Qué estás haciendo?!"

Mi novia nos encontró. Ahora se que ella tenía todo el derecho de estar furiosa.

"¿Cuál es el problema? Tienes que relajarte".

En aquel entonces, no lo entendía.

Ella respondió: "Hemos terminado. No voy a soportar esta porquería".

En vez de pedir disculpas e intentar arreglar nuestra relación, la dejé ir y continué mi círculo vicioso de fiestas con diferentes chicas. Seguía bebiendo, bailando y festejando todas las noches. Cada mañana, me sentía invadido por la culpa y la vergüenza.

Me sentía completamente vacío y perdido, pero no sabía cómo asimilarlo. Todavía no sabía quién era.

Lecciones Aprendidas

¿Recuerdas que en el último capítulo mencioné que las piedras pueden ser colocadas en nuestra mochila por personas distintas a nuestros padres? Obviamente, yo no fui una excepción al respecto. Mi piedra más pesada fue el abuso sexual que sufrí cuando tenía once años. Cada una de las piedras que puse en mi mochila después de eso fue una directa consecuencia de ese traumático incidente.

Esas consecuencias continuaron durante los siguientes veinticinco años de mi vida. Mientras lees este capítulo, traté de compensar el abuso en vez de decírselo a alguien. Si hubiera pedido ayuda en ese momento, piensa en cómo habría cambiado mi situación. No habría herido a tanta gente, incluyendo a las mujeres de este capítulo. No me habría herido a mí mismo. Dios obró en todo esto para mi bienestar, aunque una gran parte de mi historia son las consecuencias de mis decisiones y pecados.

Esas decisiones vinieron por causa de mi terquedad. Tenía que "ser un hombre", así que me negué a pedir ayuda. Estoy seguro de que todos podemos pensar en alguien que debió haber pedido ayuda, pero no lo hizo, y su vida se fue a pique.

No quiero que seas esa persona. ¿Qué dice Dios con respecto a pedir ayuda?

"Ayúdense unos a otros a llevar sus cargas, y así cumplirán la ley de Cristo". Gálatas 6:2 (NVI)

Eso significa que tenemos que ser abiertos sobre nuestras cargas, ¿verdad?

Si hubiera encontrado a alguien con quien hablar sobre mis heridas y luchas, me habría ahorrado muchos dolores de cabeza tanto a mi mismo como a muchas otras personas. Si tienes una persona en tu vida con la que sabes que puedes hablar de cualquier cosa, te animo a que vayas y le cuentes la carga que tienes en el corazón. Sé que puede ser aterrador, pero te prometo que vale la pena.

Si no tienes a esa persona, te animo a buscarla. Hay recursos en este libro que pueden ayudarte. Tal vez haya alguien con quien no te has sincerado antes, pero que consideras digno de confianza.

Tampoco te limites con esa persona. Todos necesitamos una persona en la que podamos confiar, un consejero profesional y ayuda espiritual para superar estos obstáculos.

¿Qué pasa si no buscamos y no nos sinceramos sobre nuestras heridas?

Ya has visto el principio de la respuesta a esa pregunta en este capítulo, así que es obvio que hay consecuencias. Empezamos convenciéndonos que lo que estamos haciendo no está mal. Creemos que somos invencibles y que podemos manejar nuestros problemas por nuestra propia cuenta. Incluso si conscientemente no lo dices o lo piensas, tus acciones pueden representar esa actitud.

Sin embargo, esas actitudes son mentiras y no duran para siempre. Al final, la verdadera naturaleza de estas creencias se revela por sí misma. Lastimamos a nuestra familia e incluso podemos perderla. Muchos de nosotros llegamos al punto en que queremos quitarnos la vida.

Por la gracia de Dios, podemos ser salvos de todo eso. Estoy usando mi historia para advertirte que cuando tratamos de manejar nuestro dolor por nosotros mismos, nuestras acciones pueden llevarnos a consecuencias irreversibles.

CAPÍTULO 3

El hierro se afila con el hierro,
y el hombre en el trato con el hombre.
Proverbios 27:17 (NVI)

Mentoreo

Aunque no había encontrado mi identidad y había tenido muchas relaciones rotas a causa de eso, no todas mis relaciones eran enfermizas, y eso es sólo por la gracia de Dios. Cuando tenía diecisiete o dieciocho años, empecé a trabajar en una fábrica de metal donde conocí a Tito Ruiz. Él era mi nuevo gerente y se acababa de mudar aquí desde Argentina.

Conocer a Tito fue un milagro, aún cuando no lo sabía en ese momento. Me conecté instantáneamente con él y comenzó a entrenarme para la vida. No era perfecto, pero entendía la verdadera hombría. Realmente, se convirtió en mi primera figura paterna real.

Ahora, todavía había muchos tiempos difíciles por venir, pero aprendí muchas lecciones de Tito que no tendrían sentido sino hasta más adelante. Tito puntualizó cosas que yo nunca había considerado.

"Si tu padre es adicto al alcohol, eso podría pasarse fácilmente a ti, Ariel. Cualquier sustancia es peligrosa, especialmente cuando hay una historia familiar. Tienes que enfrentarte a eso".

No sólo eso, sino que Tito también me enseñó nuevas lecciones sobre cómo un hombre debe mirarse a sí mismo.

"Un hombre debe tener confianza, pero no puede ser arrogante. Todo hombre tendrá que humillarse en algún momento de su vida".

Los hombres del bar nunca mencionaron que la humildad fuera una cualidad de un hombre, pero el ejemplo de Tito me enseñó que la humildad no significa debilidad. Por el contrario, la humildad de Tito hizo que se preocupara por mí. Aún confiaba en sus valores, pero pensaba en los demás antes que en sí mismo.

"Un hombre debe defenderse, pero eso no significa necesariamente que los puños salgan volando. Un hombre puede defenderse a sí mismo de tal manera que respete a la otra persona".

Finalmente, después de todos estos años de relaciones rotas, hubo algo de luz en mi vida. Desearía haberla aprovechado mejor.

A pesar del acompañamiento y el amor de Tito, nunca compartí mi profundo dolor con él. Quería contarle cómo habían abusado de mí y todas mis malas decisiones posteriores, pero no me atreví a hacerlo. Aunque Tito era un buen ejemplo, mi antigua idea de la hombría aún estaba muy arraigada en mi cabeza.

La lujuria aún dominaba mi vida. Seguí bebiendo todas las noches y teniendo sexo casual con diferentes mujeres. Eventualmente, una circunstancia me hizo caer de nuevo en un nivel bajo. Todo comenzó como las otras noches. Estaba bailando en un club nocturno y conocí a una joven atractiva.

Por supuesto, mi motivo desde el principio era tener sexo con ella al final de la noche, pero ella no lo sabía, y, a mi parecer, no necesitaba saberlo. Llegaron las 4:00 a.m. "Oye, ¿quieres hacer explotar este lugar conmigo?"

Ella estuvo de acuerdo.

Ninguno de los dos sabía lo destructivas que serían esas decisiones. No volvimos a mi casa ni a un hotel ni nada parecido. No, terminamos debajo de un puente junto a unas vías de tren en plena noche. Tuvimos sexo sin protección justo debajo de ese puente.

Cuando terminó, seguí mis instintos. "Me voy a bajar aquí". Me dije a mí mismo.

La dejé allí y no volví a hablar con ella porque obtuve lo que quería. Hice exactamente lo que me enseñaron a hacer con las mujeres: Hablarles dulcemente y tener sexo con ellas. Sin embargo, eso no justifica mis acciones. Me arrepiento profundamente por noches como estas y asumo toda la responsabilidad al respecto. No tenía idea de cuánto me estaban destruyendo a mí o a estas jóvenes.

Mi caída en espiral continuó y me dejó sintiéndome cada vez peor. Después de cualquier noche de fiesta, me despertaba y miraba fijamente al techo. La vergüenza, la culpa, la infelicidad y el vacío me aplastaban el pecho mientras estaba en mi cama. No había ninguna satisfacción para aliviar la presión. En todo caso, mi satisfacción disminuía con cada noche y mañana que pasaba en mi cama.

El vacío en mi corazón creció hasta un punto en el que el sexo con todas estas mujeres diferentes no me satisfacía. Empecé a buscar otra cosa para satisfacer mi anhelo y mitigar el dolor.

No me tomó mucho tiempo encontrar revistas que contenían un montón de fotos inapropiadas de mujeres. Se abrió todo un mundo nuevo que ofrecía todo el placer del sexo, dejando de lado las charlas cariñosas. La pornografía.

Al principio no vi nada malo en eso. Era como una actividad normal para un hombre y parecía que me ayudaría a convertirme en un verdadero hombre. La adicción se desató casi instantáneamente y la miraba cada semana. Al mismo tiempo, mi tristeza y mi ansiedad aumentaron, sobre todo después de ver pornografía.

Al poco rato, volvía a acostarme en mi cama pensando en cómo no quería vivir. Sentía que no debía vivir. No me importaba nada. No entendía por qué sentía esa apatía hacia la vida, pues parecía haber surgido de la nada. Ahora, sé que fue por la pornografía y sus efectos en mi cerebro.

La pornografía también cambió la forma en que veía en realidad a las mujeres. Empecé a creer que una sola mujer no me daría satisfacción. La pornografía me enseñó que necesitaba llevar mi vida sexual a otro nivel, que era como dormir con dos mujeres a la vez. Pensé que eso era lo que tenía que hacer para ser un mejor hombre. Esta lamentable meta se convirtió en la misión de mi vida.

Mis adicciones y heridas me estaban carcomiendo vivo, y como hombre, sentía que no podía sincerarme con nadie. Por el contrario, empecé a mentir tanto como necesitaba, incluso para encubrir otras mentiras, a fin de conseguir lo que quería. Mentí para tener la aprobación de las mujeres y me convertí en un farsante, colocando una fachada falsa para impresionar. Hoy en día, echando un vistazo hacia atrás, no sé cómo sobreviví. Sólo puedo decir que fue por la gracia de Dios.

Lecciones Aprendidas

Primero, no puedo subestimar la importancia de un mentor. No confié en Tito tanto como debería, pero incluso así, Dios lo usó de una manera increíble para moldear mi vida. Es muy importante para todos nosotros tener a alguien en quien podamos confiar.

Esa persona no será perfecta, pero debería ser alguien que vaya por delante de nosotros en la vida y que viva su vida a la manera de Dios. Un mentor debería ser alguien con quien nos podamos relacionar, pero que tampoco tenga miedo de desafiarnos y decir la verdad, así como Tito me dijo la verdad sobre la historia de mi familia.

Desearía haber aprovechado más nuestra relación. Como probablemente notaste, no me sinceré con él respecto a mis heridas, y te recomendaría que hicieras lo contrario. Si alguien tiene la intención de preguntarte sobre tu vida, incluso sobre los momentos más difíciles, acéptalo y respóndele con honestidad.

Una vez más, somos tercos, así que es más fácil decirlo que hacerlo, aunque es sumamente significativo permitir que alguien más sabio y con más experiencia te guíe durante esos momentos oscuros. Probablemente tienen ideas, palabras de aliento y experiencias que nunca hubiéramos escuchado si no los hubiéramos buscado. Desafortunadamente, no hice eso con Tito. Por el contrario, me sumergí en la inmoralidad sexual y me enfrenté solo a uno de mis mayores obstáculos: La pornografía.

Describí algunos de los efectos de la pornografía en la primera parte de este capítulo, lo que demuestra cómo la pornografía reorganiza nuestros cerebros. Claro, comienza como una agradable satisfacción, pero rápidamente se convierte en una adicción. Mientras esa adicción carcome nuestros corazones y mentes, naturalmente perdemos la esperanza en la vida y caemos en un estado de depresión.

Es inevitable que, si no buscas ayuda en Cristo y en otros, la pornografía terminará derribándote. Una de las peores partes es que esta es una pesada piedra que elegí poner en mi mochila. Las piedras más pesadas las habían puesto otros, sin embargo, esta cambió todo y fue mi decisión. Desafortunadamente, la sociedad no tiene problemas con la pornografía, así que fue fácil para mí tener acceso a ella.

Tenemos que ser cuidadosos con todo lo que está disponible para nosotros. La sociedad no comprende los impactos de la pornografía y se ignora su amplio uso. Muchos niños, adolescentes y adultos se han vuelto adictos, especialmente porque a menudo se nos pasa por la cara a través de la televisión y las películas, Internet, las redes sociales, revistas y demás.

Algunos pueden argumentar que la pornografía sólo afecta a los hombres, pero eso ya no es válido. Hace varios años, la industria cambió su estrategia, creando porno "romántico" para atraer a más espectadores femeninos. Si miramos a nuestro alrededor y somos honestos con nosotros mismos sobre lo que vemos y experimentamos, podemos ver que su estrategia está funcionando. Todo tipo de personas son adictas al porno.

La mayoría de la gente nunca admitiría que ha visto porno. No lo admitiría durante la mayor parte de mi vida. Es un pecado incómodo para confesar, pero así es como el enemigo nos mantiene aislados en la oscuridad. No obstante, lo que Dios dice sobre este tema es bastante sencillo.

"Huyan de la inmoralidad sexual. Todos los demás pecados que una persona comete quedan fuera de su cuerpo; pero el que comete inmoralidades sexuales peca contra su propio cuerpo" (1 Corintios 6:18).
¿Cómo huimos? Bueno, creo que hay algunos pasos prácticos que podemos dar al respecto. Primero,

como dije antes, confesamos el pecado a Dios y pedimos perdón. Él ya conoce nuestros corazones y los errores que hemos cometido; no hay que tener temor de entregárselo porque Jesús llevó el castigo por este pecado en la cruz, así como llevó todos los demás pecados. Sólo algunos versículos arriba en 1 Corintios 6, versículo 11, indican cómo fuimos sexualmente inmorales pero que fuimos lavados, santificados y justificados en el nombre de Cristo y por el Espíritu Santo.

En segundo lugar, confesamos el problema a la persona correcta. Tal vez sea un mentor o tal vez un amigo de confianza. Les decimos lo que le dijimos a Dios. Tercero, pedimos ayuda. Pedimos ayuda a nuestros mentores. Les pedimos que nos hagan rendir cuentas y buscamos recursos y sabiduría que ayuden a resolver este problema. Hay una gran cantidad de ayuda disponible, pero tenemos que buscarla para que alguien sepa que la necesitamos y que estamos dispuestos a aceptarla.

Cuarto, identificamos nuestros detonantes. ¿Qué es lo que nos hace recurrir a la pornografía? A veces, es algo que vemos online y tenemos que hacer todo lo posible para eliminar el acceso al mismo, como el software de control o la aplicación que nos lleva a esos detonantes. Incluso podría ser algo que vemos en un entorno físico y del que tenemos que retirarnos. A veces, va más profundo de lo que pensamos. Puede ser una sensación de incapacidad, estrés, desánimo, un día agotador o cualquier cosa que el enemigo utilice para hacernos sentir que necesitamos algún tipo de alivio o placer. Luego, eliminamos esos detonantes, llevando esos pensamientos y sentimientos a Dios y a los demás. Aprendemos formas saludables sobre cómo manejarlos.

Finalmente, a medida que continuamos luchando contra este pecado, también tenemos que lidiar con nuestras heridas. El uso de la pornografía es un síntoma de problemas más profundos. Tenemos que confesar nuestras heridas a Dios y a los demás, hablando sobre el trauma o los profundos temores. Esta libertad es invaluable, y Dios usa esa sinceridad para darnos Su fortaleza contra la pornografía.

Así como hay consecuencias cuando no tratamos nuestras heridas, también hay consecuencias cuando no tratamos la pornografía en nuestras vidas. La lista de consecuencias es interminable, pero aquí hay varias para considerar. Primero, podemos ver en las Escrituras que es del diablo y es un pecado grave, así que, si lo permitimos, no estamos honrando a Dios, quien nos salvó.

Segundo, estamos re-programando nuestros cerebros. Estamos perdiendo la esperanza cada vez que nos rendimos y sólo estamos aprendiendo a alimentar esta adicción. Cambiamos nuestro comportamiento sexual a causa de esto, haciendo que el sexo normal con nuestro cónyuge ya no sea placentero. Anhelamos una experiencia que ni siquiera es real, una experiencia que no es correcta y que nunca puede existir.

Tercero, al perder la esperanza y continuar en este pecado oculto, nos aislamos del mundo y de las personas que se preocupan por nosotros. Podemos mentir para ocultarlo y cubrir nuestras huellas, algo que nos separa aún más de los demás. En última instancia, todo esto nos lleva a la devaluación. Nos valoramos cada vez menos hasta que nos sentimos completamente inútiles e incluso con tendencia al suicidio. La pornografía puede causar todo esto por el efecto que tiene en nuestro cerebro, al igual que la cocaína u otra droga de gran consumo. Si la pornografía es tan similar a una adicción a las drogas, está claro que necesitamos eliminarla y sólo podemos hacerlo con el poder de Dios y con otros a nuestro alrededor.

CAPÍTULO 4

pero los que confían en el Señor renovarán sus fuerzas;
volarán como las águilas: correrán y no se fatigarán,
caminarán y no se cansarán.

Isaías 40:31(NVI)

Ya no hay marcha atrás

Aunque mis enfermizas adicciones y mi vida de engaño continuaron, Dios me bendijo con momentos alegres mientras me acercaba a los veinte años. Empecé una relación seria con una joven y quería que durara. Dondequiera que ella iba, yo quería estar con ella.

Un día me dijo: "Me mudo a Georgia a fin de año".

Mi dedicación se pondría a prueba.

"Iré contigo", le dije, "Sólo quiero que estemos juntos, aunque sea en los EE.UU."

Rápidamente, mi motivación cambió. La economía de Uruguay se derrumbó a principios de 2002, así que ir a Estados Unidos pasó de ser un acto de amor a ser un acto de necesidad. Mis padres se habían separado, y mi madre y mis hermanos necesitaban ayuda económica. Los Estados Unidos podían darme lo que Uruguay no podía en ese momento: Un trabajo.

Desafortunadamente, en abril, sólo unas semanas antes de que se suponía que me fuera, mis planes se vieron afectados. Mi novia y yo rompimos después que ella me descubrió engañándola. Ya no era bienvenido para unirme a ella en Georgia.

"Un hombre de verdad protege y mantiene a su familia".

Yo todavía quería ser un hombre, así que decidí viajar a Estados Unidos. Simplemente cambié mi destino. Mi primo tenía un amigo que vivía en la ciudad de Nueva York, así que pensé que podría ayudarme. Una semana antes de dejar mi casa e ir a este país completamente diferente, cambié mi vuelo de Atlanta al aeropuerto JFK.

Llegar a Estados Unidos no era un objetivo fácil. No tenía dinero, y obviamente, se necesita dinero para viajar. El día antes de que se suponía que me iría, todo empeoró para mí. Dije: "No puedo hacer una vida allí. Soy un muchacho de las calles de Uruguay. ¿A quién estoy engañando?"

Cuando estuve a punto de hacerlo, algo me impidió cancelar mi vuelo. Mi pensamiento cambió. "Ni siquiera puedo hacer una vida aquí, así que mejor me voy. Mi familia lo necesita".

A la larga, era Dios obrando. Llamé a uno de mis mejores amigos, me dio algunas cosas para comer y me prestó 50 dólares. Cuando me prestó el dinero me dijo, "No lo desperdicies, Ariel. Quiero que vayas a los Estados Unidos".

Ya no hay marcha atrás. Todavía necesitaba llegar al aeropuerto de Montevideo. Mi tío Gabriel aceptó llevarme fuera de la ciudad, pero incluso las calles estaban llenas de baches. Literalmente.

El auto estaba acelerando y comencé a gritar, "¡Vas a chocar, vas a chocar! ¡¿Por qué no te detienes?!"

Mi tío, con toda la tranquilidad posible, respondió: "Me quedé sin frenos".

"¡¿Qué?!" Grité.

Apenas llegamos a la ciudad. Cuando llegamos, pensé que el siguiente viaje que había organizado con mi amigo Eugenio sería más fácil. Como había sido costumbre en mi vida hasta ese momento, me equivoqué. Mi amigo conducía un gran camión cargado de verduras, lo cual no es un taxi ideal para ir al aeropuerto, aunque ese no era el mayor problema.

Allá vamos de nuevo. El camión empezó a acelerar y yo grité, "¿Por qué no estás frenando? ¡Hombre, estamos en el centro de la ciudad!"

Una vez más, recibí una respuesta calmada. "Lo siento, Ariel, los frenos no funcionan".

Resoplé, "Tienes que estar bromeando".

Temía perder la vida antes de subir al avión. De milagro, llegué al aeropuerto y me preparé para subir al avión. Llamé a mi primo, Mariano, y le pedí que contactara a su amigo de mi parte.

"Esta bien, ¿cuándo aterrizarás en Nueva York?" Me preguntó.

"Mi primer avión sale en menos de una hora".

No le gustó esa respuesta. Mariano gritó por teléfono: "¡¿Qué?! ¡Estás loco! ¡No puedo comunicarme con él y resolver todo esto tan rápido!"

Le supliqué: "Por favor, hermano, tienes que intentarlo. Si no lo haces, estaré perdido en la ciudad más grande de los Estados Unidos".

Sólo el hecho de pensar en estar sin hogar en este país extranjero me aterrorizaba, pero como dije antes, ya no podía dar marcha atrás. Mi hermana se casó, y mi madre se volvió madre soltera de dos niños gemelos. Ellos necesitaban que yo llegara a Nueva York para poder mantenerlos. Eso superó mis temores, así que le pedí a mi primo que siguiera intentándolo. Me fui de Uruguay sin saber dónde me iba a acostar al día siguiente o durante las noches siguientes.

Cuando hice una escala en Brasil, llamé nuevamente a mi primo. Me dijo que todavía no había sabido nada de su amigo, pero que estaba haciendo todo lo posible. Mis peores temores se estaban haciendo realidad. A pesar de que no conocía a Dios en ese momento, ocurrió otro milagro. Llamé a Mariano justo antes de subir al avión.

"¿Tuvo suerte? Seguramente no, ya lo sé, pero estoy a punto de subir a mi último vuelo".

Con la emoción en su voz Mariano me respondió: "¡Ariel, es tu día de suerte! Acabo de hablar con él. Me dijo que te podías quedar con él. Tendrás que llegar por ti mismo, ¡pero tienes un lugar donde ir!"

Cuando el avión aterrizó en Nueva York, surgieron otros obstáculos. Tuve que pasar por aduana y seguridad sin saber nada de inglés. Sólo tenía 50 dólares y tenía que llegar por mi cuenta al lugar donde me iba a quedar. Por la gracia de Dios, estaba en una fila de seguridad con un oficial cubano que hablaba español. Me ayudó a pasar la fila. Luego me preguntó cuánto dinero tenía para mi viaje. Le dije que tenía 450 dólares. Eso era una mentira. Sentí que algo había salido bien. ¡Estaba en Estados Unidos! Salí del aeropuerto muy contento.

Le hice señas a un taxista y me subí indeciso, tratando de explicarle dónde tenía que ir de tal manera que un angloparlante lo entendiera.

"Oh, ¿necesitas llegar a la Gran Estación Central?" Preguntó.

"¿Hablas español?" Dije sorprendido.

Dios continuó mostrando su favor.

Me llevó a la Gran Estación Central y me cobró cuarenta y cinco dólares, y sólo me quedé con cinco. Por muy feliz que estuviera, mi situación aún no se veía muy bien.

Traté de encontrar un oficial de policía que hablara español en la Gran Estación Central. Afortunadamente, me llevaron con un oficial puertorriqueño muy amable. Me llevó a la ventanilla y le entregué mis últimos cinco dólares.
"Es todo lo que tengo. Podría volver y pagarte cuando me establezca...".

Antes de que acabara me detuvo y me dijo: "No te preocupes por lo que le falta al pasaje de este muchacho. Yo me encargo. Sólo llévalo a Beacon".

Estaba tan agradecido. Finalmente estaba camino a mi nuevo hogar.

Mi nuevo alojamiento era con los amigos de un amigo. Dormí en su sofá y me sentí muy agradecido.

Al día siguiente, empecé un nuevo trabajo como lavador de platos en un restaurante de cinco estrellas en Cold Springs, Nueva York. Finalmente ganaría dinero que podría enviar a mi madre y hermanos. Además, mi querido anfitrión, Juan, y su hermana,

Ángela, me llevaron a comprar el uniforme que necesitaba. También me regalaron ropa interior y calcetines, ya que había llegado a los Estados Unidos casi sin ropa.

Me sentí como si hubiera vuelto a nacer. Todo parecía que iba a mejorar porque estaba en Estados Unidos y ganaba dinero. Desafortunadamente, no había nacido de nuevo, y como mi nueva vida se sentía muy normal, mis viejas adicciones y heridas volvieron.

De nuevo, me despertaba por las mañanas y miraba fijamente al techo. La culpa y la vergüenza me oprimían, a pesar de que estaba a miles de kilómetros de donde las encontré por primera vez. Todo esto aumentó porque ahora estaba en una tierra extraña sin ningún amigo. A pesar de todo esto, el mayor cambio estaba por venir. Estaba a punto de conocer a alguien que cambiaría mi vida.

Lecciones Aprendidas

Después de años de llevar todas estas piedras en mi mochila, pensé que finalmente tendría un poco de alivio al venir a Estados Unidos. Tuve la oportunidad de perseguir el sueño americano, y eso significa que podría tirar todas las piedras, ¿verdad? Me equivoqué, pero no lo sabía en ese momento. Pensé que el simple hecho de llegar a Estados Unidos haría que todos mis problemas desaparecieran. En realidad, no tenía objetivos concretos ni tenía una visión. Sólo quería vivir allí y ganar dinero para mi familia.

No me malinterpretes, eso no es un objetivo malo, sin embargo, hay algo importante para cada área de nuestras vidas y es considerar cuáles son nuestros objetivos y cómo alcanzarlos. Un ministerio llamado Family ID, del que hablaremos más adelante, enseña que una forma de lograrlo es escribiendo nuestras metas. Si las escribimos, se hacen más visibles y a su vez, se pueden alcanzar.

¿Qué dice Dios sobre los objetivos? ¿Acaso a Él le importan las metas o los planes?

"Prepara primero tus faenas de cultivo y ten listos tus campos para la siembra; después de eso, construye tu casa" Proverbios 24:27 (NVI)

A Dios le interesan nuestras metas y nuestros planes para alcanzarlas. Este proverbio muestra que Él quiere que hagamos planes, y que nos preparemos adecuadamente para llevarlos a cabo, antes de sumergirnos en el trabajo en sí.

Primero, escribe tu visión y tus sueños. ¿Cuál es tu destino final? Segundo, escribe tus metas individuales para lograr esa visión. Coloca las metas donde puedas verlas. Tercero, actúa. Da los pasos necesarios para perseguir tus sueños y no te rindas. Hazlo un día a la vez, trabajando en todo lo que puedas.

Cuarto, prepárate para fracasar. Sé que suena negativo comparado con los pasos anteriores, pero habrá obstáculos para conseguir cualquier cosa, y a veces, cometemos errores. Sin embargo, la vida no se trata de fracasar. La vida consiste en aprender de esos errores y seguir adelante, cada vez mejor.

Finalmente, y lo más importante, recuerda lo que es realmente significativo. Si tienes que elegir entre decepcionar a tu familia o fracasar profesionalmente, fracasa profesionalmente. Tu caminar con Dios y las relaciones con los que te rodean son mucho más importantes que cualquier sueño o meta. En cuanto a las relaciones, a veces, sólo tienes una oportunidad. Comete pequeños errores en las relaciones, incluso si eso significa que tienes que cometer más errores profesionalmente. Todo eso puede parecer insoportable, no obstante, hay sabiduría cuando se viven esos pasos. Si no lo hacemos, entonces hay una serie de consecuencias que podríamos experimentar.

Primero, caminaremos sin rumbo, viviendo una vida sin propósito. No iremos en la dirección que queremos, sobre todo sin ningún objetivo espiritual. Incluso podemos sentirnos inútiles y como si no tuviéramos nada para lograr si no tenemos en cuenta el amor y los planes de Dios para nosotros. En segundo lugar, aunque tengamos metas, sería casi imposible alcanzarlas si no nos tomamos el tiempo de establecer los pasos necesarios para alcanzarlas. Es por eso que escribirlas es fundamental.

Si caminamos sin rumbo y no alcanzamos nuestras metas, eso puede influir en nuestras relaciones. Nuestra forma de vida sin objetivos, se refleja en la forma en que llevamos nuestra familia y en nuestras relaciones. Hay muchas maneras en que podemos lastimar a los que nos rodean si no nos cimentamos en Dios y en lo que Él quiere que busquemos.

CAPÍTULO 5

Ámense los unos a los otros con amor fraternal, respetándose y honrándose mutuamente.
Romanos 12:10 (NVI)

Tal y Como Nos Amó.

Unos meses después de mi radical traslado a Estados Unidos, conocí a una mujer increíblemente hermosa en un restaurante. El tipo de mujer que evidentemente estaba fuera de mi alcance.

Nos presentamos y me dijo que su nombre era Camila. Vivía en Colorado, pero estaba en la ciudad visitando a su hermano.

Pasamos toda la noche hablando y conociéndonos. Instantáneamente me sentí físicamente atraído por Camila y me gustó todo de ella. No sólo me sentí atraído físicamente por ella. Desde el momento en que empezamos a hablar, pude ver que ella tenía un corazón sincero.

La conexión era mutua. Nos llevamos bien desde el principio y sentimos algo especial entre nosotros. Pronto volvió a Colorado e intercambiamos números de teléfono para mantenernos en contacto. Me moría de ganas de volver a hablar con ella. De todas las mujeres que conocí, y con las que salí, nunca había estado con alguien como ella. Quería conocerla, conocerla por sí misma.

Desafortunadamente, eso no ocurrió tan rápido como yo quería. Intenté llamarla la semana siguiente, pero no me respondió. No supe nada de ella durante los siguientes diez meses. Las cosas cambiaron cuando, por la gracia del Señor, Camila llamó a una de mis amigas, que por casualidad salía con el hermano de Camila. Le dijeron que se acercaba mi cumpleaños y que debería llamarme.

Camila me llamó en mi cumpleaños, y fue el mejor regalo de cumpleaños que pude recibir. No sólo conversamos un par de horas esa noche, sino que después hablábamos por teléfono todos los días y comenzamos una relación a distancia. Cada mañana, estaba ansioso por que llegara el momento de nuestra llamada diaria. Sólo unos meses después, ella vino a visitarme, y yo estaba emocionado.

Me dijo: "Vamos a cenar. Me puedes contar todo sobre Uruguay".

Pasamos horas juntos compartiendo historias y conociéndonos un poco mejor. Nunca antes había experimentado una felicidad como esta. Algo en nosotros encajó desde el principio y fue creciendo de manera natural, dejando mis adicciones y heridas en un segundo plano. Cada día, nuestra relación fue mejorando. Mientras ella estaba en la ciudad, yo tenía que trabajar, no obstante, mi emoción crecía cada día cuando salía corriendo a verla. Pronto, ella tuvo que volver a Colorado.

"Te prometo que te visitaré pronto, Camila. No puedo estar meses sin verte otra vez".

Cumplí esa promesa. Antes de que pasara mucho tiempo, me fui a Colorado. Esa visita cambiaría definitivamente nuestras vidas.

"Camila, sabes que estoy enamorado de ti. Nunca antes había sentido algo así. ¿Tú sientes lo mismo?"

Ella sonrió y dijo, "Te amo, Ariel. No hay ninguna duda".

Le dije: "No quiero volver a Nueva York".

"Entonces múdate aquí", dijo, "Ven a vivir conmigo y no tendremos que lidiar más con la distancia".

Parecía una invitación descabellada. Demasiado buena para ser verdad.

"¿En serio? ¿Estás segura?" Le pregunté.

Con toda seguridad dijo, "Te quiero aquí conmigo, Ariel".

Pasaron unos meses más y lo hice.

Por muy emocionante que fue eso, mis antiguas heridas volvieron a aparecer lentamente. Algunas de mis inseguridades afloraron y también las de ella. No obstante, como seguíamos siendo tan felices, logramos deshacernos de eso y disfrutar de nuestro tiempo juntos. Aunque, por dentro, mi pasado todavía quería carcomerme. Poco después de mi mudanza a Colorado, Camila expresó su deseo de ayudarme de otra manera.

Sorprendido, le dije: "No puedo dejar que hagas eso sólo por mí. Es más de lo que merezco".

Ella insistió, "Ariel, tu visa está a punto de vencer. Eso es un tema delicado, especialmente porque acabo de traerte aquí. No quiero perderte".

"El matrimonio también es un tema serio", le dije, "No quiero usarte para conseguir un propósito".

Quería casarme con ella porque la amaba y no quería que hubiera ninguna confusión al respecto. Al poco tiempo de esa conversación, un día Camila llegó a casa del trabajo y me pidió que me sentara.

"No tengo ninguna duda de que quiero pasar el resto de mi vida contigo. Te dije que no había duda de que te amaba y aún no la hay. No me puedo imaginar que te envíen de vuelta a Uruguay. Ariel, ¿te casarías conmigo?"

Me quedé boquiabierto porque nadie nunca había hecho algo así por mí, ni me había mostrado ese tipo de amor incondicional y abnegado. No muchos hombres pueden decir que se les declararon y tampoco muchos querrían eso, sin embargo, eso no me importaba.

"¡Sí, Camila, me casaré contigo!"

Sacamos una cita en el juzgado y tuvimos un día muy especial para la boda. Aunque fue una ceremonia muy pequeña, fue algo íntimo para nosotros. Ambos lloramos mientras intercambiábamos nuestros votos y nos comprometíamos al matrimonio para el resto de nuestras vidas.

"Hasta que la muerte los separe".

Sentí que tenía un nuevo comienzo y creí que el resto de mi vida ya estaba solucionado. Compramos un departamento unos meses después y eso se convirtió en el hogar de nuestra nueva familia. También pudimos viajar a Uruguay para nuestra luna de miel. Incluso tuvimos una boda en una iglesia con mi familia y amigos.

Por muy feliz que me haya sentido durante esos momentos, el vacío reapareció en mi corazón. Para mucha gente, leer eso puede parecer confuso, porque daba la impresión que mi vida estaba pasando por un gran momento. A pesar de mis circunstancias, el abuso de mi pasado todavía me perseguía y trataba de devorarme. Mis antiguas ideas de la hombría machista permanecieron, y no le había contado a nadie mis heridas, ni siquiera a Camila. Camila era una maravillosa luz en mi vida, pero no había descubierto la verdadera luz que necesitaba.

Lecciones Aprendidas

Una vez más, sentí que había encontrado la forma de tirar las piedras de mi mochila. Pensé que finalmente tenía una oportunidad estable de ser feliz con alguien y que eso me quitaría el peso de encima. A menudo, usamos las relaciones amorosas o el matrimonio como una curita en nuestras heridas. Pensamos que esta otra persona puede completarnos y llenar lo que falta en nuestros propios corazones. Incluso la cultura en algunos aspectos nos enseña eso.

Sin embargo, esa no es la realidad ni la responsabilidad de la otra persona. No importa cuán grandiosa sea esa persona, no puede curar nuestras heridas ni compensar la vergüenza interior que sentimos por nuestros defectos y errores. Buscamos en ellas una realización que sólo Cristo puede darnos.

¿Qué dice Dios sobre el amor a los demás?

"Este mandamiento nuevo les doy: que se amen los unos a los otros. Así como yo los he amado, también ustedes deben amarse los unos a los otros" Juan 13:34 (NVI).

Jesús dijo esto a Sus discípulos poco después de lavarles los pies en la última cena. Les demostró mucha humildad y les recordó que necesitaban de Él, antes de decirles que fueran y se amaran de la misma manera.

Considerando esto, fíjate en lo que dice este versículo: Como Él nos ha amado. Seguimos Su ejemplo y amor de la manera desenfrenada, íntima y sacrificial en que Él nos ama. No podemos tener ese amor por nuestra propia cuenta.

Tenemos que acoger verdaderamente el amor de Cristo y dejar que nos lave antes de que podamos amar correctamente a los demás, incluso a nuestro cónyuge. Creo que una parte de aceptar Su amor es permitirle entrar en nuestras heridas y sanarlas de la manera que sólo Él puede. Así, como Cristo hace eso y como nos amamos a nosotros mismos de esa manera, podemos amar verdaderamente a los demás de una forma similar a la de Cristo. Experimentaremos el verdadero gozo y felicidad.

Si nos apresuramos en una relación sin tratar nuestras heridas, sólo nos estamos exponiendo al fracaso. Puede que al principio se sienta bien, pero a medida que nuestras heridas regresan, ese sentimiento desaparece. Una vez más, puede que sólo tengamos una oportunidad en las relaciones, por eso debemos hacerlo bien. Tenemos que hacerlo a la manera de Dios.

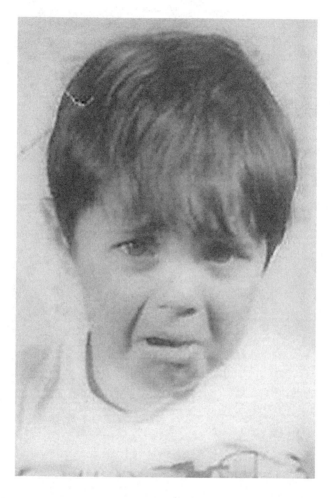

Mi foto de la cédula de identidad del gobierno
a los 3 años (usada en la portada)

Yo a la edad de 4 años en la granja

Yo a la edad de 4 años en la fábrica

Gregorio René Delgado Fernández
Mi padre me enseñó a trabajar duro, a respetar
a los demás y a luchar por la familia.

Con mi madre y mi hermana, el día que salí de Uruguay.

Yo en Colorado, me veía feliz pero no lo era.

Siendo un ciudadano de los Estados Unidos.

Carmen Gladis Acevedo Noda
Mi madre me enseñó a luchar por mis hijas
y a vencer las adversidades

La maleta original que me acompañó
a los Estados Unidos.

CAPÍTULO 6

Eso es actuar como personas libres que no se valen de su libertad para disimular la maldad, sino que viven como siervos de Dios. 1 Pedro 2:16 (NVI)

Cuando Regresan las Heridas

Después de regresar de nuestra luna de miel, trabajé arduamente para ocultar todo sentimiento de vacío o soledad. Seguía siendo feliz con Camila y ella no había hecho nada malo. Quería convencerme a mí mismo de que todo era grandioso.

Hacíamos parrilladas al aire libre, íbamos de excursión juntos, e incluso disfrutamos de un día especial explorando Pike's Peak. Nuestra vida cotidiana también parecía igual de maravillosa, al menos desde fuera. Yo trabajaba en una panadería por las mañanas y en un restaurante mexicano por las tardes, mientras que Camila trabajaba en la Fundación Oppenheimer. Cada vez que tenía un día libre, preparaba el almuerzo para nosotros y me iba en bicicleta a Oppenheimer para que pudiéramos comer juntos. Cuando terminaba mi día de trabajo, Camila me recogía en su auto. Nuestra vida se veía perfecta. Pero no lo era.

A los seis meses de casados, me di cuenta que mi descontento crecía y tomaba diferentes formas. Camila trabajaba con su ex-esposo en Oppenheimer y muy pronto me puse celoso. Las malas palabras empezaron a dominar mi mente.

"Nunca mantengas a una mujer cerca. Si dejas que te moleste mucho tiempo, te engañará. Un hombre de verdad no se deja engañar".

Rápidamente, pasaron de mi mente a mis palabras.

Gritaba: "Quieres estar con él, ¿no?"

Asombrada, ella decía: "¡Claro que no! ¡Es ridículo!"

Ella decía la verdad, pero eso no me hizo cambiar de opinión. Sentí que no era un hombre lo suficientemente bueno para ella, y por eso ella quería estar con alguien más que yo. El enemigo me estaba atacando con sus perversos demonios, pero no me di cuenta de eso en ese momento. Sólo me enfoqué en mi ineptitud.

Mis celos fueron irrazonables desde el momento en que los sentí, pero sólo se volvieron más ilógicos. Un día, Camila vino a mi trabajo y se encontró con otro hombre en el edificio y se le presentó. Instantáneamente, pensé que ella estaba coqueteando con él o tratando de acercarse a él. Eso era ridículo, ya que ella acababa de conocerlo, sin embargo, ese tipo de pensamientos mantenía mi mente constantemente prisionera.

"Tú querías estar con él. Yo pude verlo".

Camila estaba consternada. "Ariel, cariño, no estás pensando claramente."

Le dije: "¿Has estado viendo a tu ex-esposo a mis espaldas?"

Ella suplicó, "Te amo a ti y sólo a ti. Quiero estar contigo y sólo contigo".

Lamentablemente, eso no pudo satisfacer mis inseguridades. Los ataques del enemigo continuaron y eso me robó toda mi felicidad. Cada noche, cuando me acostaba en la cama, los mismos pensamientos pasaban por mi cabeza.

Pensaba: "No soy un hombre. No soy nada. Nunca nadie me amará. Cada persona en mi vida me dejará. Estoy destrozado porque un hombre me violó. Estoy arruinado por mis adicciones. No puedo decírselo a mi esposa o me odiará".

En lugar de eso, volví a mis viejos mecanismos de supervivencia. Creía que Camila me engañaría, así que, como en todas mis pasadas relaciones, sentí que debía engañarla primero. Eso haría que de alguna manera estuviéramos a mano.

Ni siquiera llevábamos un año casados antes de que empezara a engañarla. Esto suena asqueroso y devastador, y lo fue, pero ni siquiera pensé en ello. Me parecía natural quedarme hasta tarde en el trabajo y salir los sábados por la noche. Sentía que era normal engatusar a las mujeres, tener sus números y acostarse con ellas.

Cada vez que empezaba a hablar con una mujer que no era mi esposa, no me gustaba. No tenía ningún deseo de acostarme con esta extraña.

"Un hombre de verdad sabe cómo llevar a una mujer a su cama".

Esto era lo que necesitaba. Necesitaba ser un hombre y acostarme con todas las mujeres que pudiera. Necesitaba ser lo suficientemente bueno. A medida que pasaron los años siguientes, mis actividades no pasaron desapercibidas.

Ella me preguntaba: "¿Por qué saliste tan tarde anoche?"
"Había mucho trabajo". Mentí.

Ella insistía. "¿Quién es esa mujer que acaba de enviarte un mensaje de texto?"

"Alguien del trabajo. No tienes nada de qué preocuparte, cariño." Otra mentira.

Ella insistió. "¿Quién es esa mujer que acaba de enviarte un mensaje de texto?"

"Alguien del trabajo. No tienes nada de qué preocuparte, cariño". Otra mentira.

Aún así me acosté y me desperté con la culpa y la vergüenza que me hizo sentir despreciable. Sé que merecía algunas de esas consecuencias, pero eso no me impedía hacer lo que parecía natural.

Mientras continuaba el engaño, volví a mi antigua forma de lujuria: El porno. Miraba las revistas cuando estaba solo en casa o incluso cuando Camila dormía. El porno destruyó mi mente cuando era más joven y ahora esa destrucción continuaba. Primero, creó dudas y expectativas poco realistas de mi vida sexual. Los escenarios del porno eran falsos y quería experimentarlos en la realidad. Empecé a creer que Camila no era suficiente y no podía satisfacer mis necesidades sexuales.

Con el tiempo, mi adicción al porno creció hasta el punto en que lo miraba todos los días. Seguía teniendo sexo con otras mujeres además de mi esposa. Todo esto alimentaba mi adicción al porno y al sexo, a la vez que carcomía mi esperanza.

Pronto, reaparecieron los antiguos sentimientos de no querer vivir. Se volvieron peores. Pensé: "Debería suicidarme".

No sabía por qué odiaba tanto mi vida, pero ahora sé que mi adicción a la pornografía jugaba un gran papel en esos pensamientos.

Aunque mi vida personal se salía de control, mi vida profesional mejoraba día a día. Había dejado la panadería y seguía trabajando en el restaurante, pero empecé a trabajar a tiempo completo preparando comida en Chipotle. Disfrutaba mucho trabajando en Chipotle y muy pronto me di cuenta de que era aquí donde tenía que estar. Aparentemente, los directivos de Chipotle estuvieron de acuerdo. Me ascendieron a un puesto de supervisor en mis primeros meses de trabajo. El entrenamiento para el puesto de supervisor también me dio la oportunidad de tomar clases de inglés, ¡lo cual fue una gran bendición! Estas clases me inspiraron y me ayudaron a tener éxito en el mundo profesional.

Al poco tiempo, me ascendieron a asistente de dirección. Les encantaba tenerme como parte de su equipo y verme crecer. A pesar de lo bien que me sentía al obtener estos ascensos, todavía me sentía desesperado por dentro. La culpa y la vergüenza me agobiaban diariamente, sin embargo, me convertí en un maestro en ocultar esos sentimientos y pecados. Por el bien de mi carrera y mi matrimonio, puse una máscara sobre estas partes oscuras de mi vida, pero eso no ayudó a mi alma.

En menos de un año después de mi ascenso, apareció otra increíble oportunidad. El gerente general se estaba transfiriendo a otro lugar, así que querían que yo tomara su lugar. Teniendo en cuenta que llegué a Estados Unidos sin inglés y sin dinero, esto fue un gran logro. Pasé los siguientes seis meses en entrenamiento antes de sumergirme en mi nuevo puesto. A medida que desarrollaba sistemas y empleados, sentía que mis habilidades de liderazgo crecían y veía cómo el número de restaurantes pasaba de 400 a 800.

Los altos directivos me dijeron: "Creemos que le beneficiaría tomar algunas clases en la universidad de Denver". Pulirías tu inglés y aprenderías técnicas de gestión. Podemos cubrir el costo".

Obviamente, acepté con mucho entusiasmo. Menciono todos estos eventos porque me dieron ánimos a medida que invertía en mí mismo, aunque todavía no podía reconciliar mis dos vidas. Mi vida profesional era increíble, pero mi vida personal seguía llena de engaños, adicciones y una vergüenza interminable.

Seis meses después de convertirme en el gerente general, mi gerente de área vino a mí una vez más.

Me dijo: "Ariel, después de tu excelente desempeño, quiero que te conviertas en mi primer dueño de un restaurante. Este puesto de desarrollo requerirá meses de entrenamiento extensivo y múltiples entrevistas, pero creo que serías increíble en este cargo".

"Sería un honor, señor".

En última instancia, todo esto terminaría con una entrevista con Steve Ells, el fundador de Chipotle, y Monty Moran, el Director General de la empresa, además de otros dos ejecutivos de la compañía. Un día, vinieron a mi restaurante y preguntaron a mis empleados sobre mis hábitos y habilidades de liderazgo. Esperé en otra oficina, inquieto y moviéndome constantemente. En cualquier momento, llegaba la hora de la entrevista.

Luego, fueron a una sala del fondo y me llamaron. Cuando entré, me asusté de que estos empresarios de alto nivel quisieran venir a mi restaurante y hablar conmigo, y aunque estaba asombrado, comencé a responder sus preguntas. Antes de que se fueran, Steve Ells me hizo a un lado.

"La forma en que te manejas es muy impresionante y el giro que le diste a esta tienda habla por sí mismo. Creo que estás listo para convertirte en un propietario de un restaurante".

¡No podía creerlo! Después de un par de conversaciones de seguimiento, recibí una llamada tanto de Steve Ells como de Monty Moran.

"¡Felicidades, Sr. Delgado! Usted es oficialmente un dueño de un restaurante".

Mi carrera estaba despegando de una manera que nunca hubiera soñado cuando era niño. A Camila y a mí nos iba tan bien en nuestras empresas que no sólo pudimos comprar nuestro departamento, sino también comprar un auto para que yo lo usara.

Para mucha gente de veinte o treinta años, eso no parecería gran cosa. Sin embargo, habiendo crecido en Uruguay y llegando a Estados Unidos sin nada, yo viajaba a pie, a caballo, en bicicleta, o dependiendo de otros para que me llevaran. La compra de un auto fue un gran avance para mí y reflejó el éxito de mi vida profesional. Ahora que miro hacia atrás, me doy cuenta que todo eso fue un increíble regalo de Dios.

Una noche, sucedió un gran cambio. Volví a casa y encontré a Camila esperándome.

"Tenemos que hablar".

Ella parecía nerviosa, y eso me puso ansioso. ¿Había descubierto mi adicción al porno o a una de las mujeres con las que me acostaba? ¿Cómo iba a justificarme? ¿Cómo podría encubrirme esta vez? Nunca hubiera adivinado lo que ella quería decirme.

"Ariel, estoy embarazada".

Camila se sentía nerviosa porque no sabía cómo tomaría la noticia. A pesar de lo sorprendida que estaba, ¡me sentí muy feliz! Salimos a celebrar esa noche y queríamos guardar la noticia para nosotros, sin embargo, la emoción resultó ser muy grande. ¡Llamamos a nuestra familia y amigos esa noche y compartimos este milagro con ellos!

Esta noticia me dio un impulso que me ayudó a sentirme mejor con mi vida. Temporalmente, mis inseguridades se desvanecieron. Desarrollé gerentes generales para enviarlos a diferentes restaurantes todos los días, y luego volvería a casa con Camila, quien practicaría el inglés conmigo. Ella me corregía los correos electrónicos, y eso me ayudaba a mantener un tono profesional y fluido tanto en el habla como en la escritura. Me apoyó de muchas maneras durante el embarazo, aunque las cosas no eran perfectas.

Camila me suplicaba, "Te necesito aquí, Ariel. No puedo hacer esto sola".

Salía los sábados con amigos. Quería divertirme, y a medida que ese deseo crecía, mis celos volvían rápidamente. Aunque todavía me sentía culpable por haber engañado tanto a Camila, decidí echarle la culpa a ella.

"¡Sé que te estás acostando con alguien!" Grité.

Ella respondió: "¡Eso no es verdad! ¿Por qué no confías en mí?"

Torcí mi propio pecado y se lo atribuí a Camila.

Una discusión concreta y devastadora ocurrió durante su embarazo.

"Sé que has tenido una aventura. ¿Acaso este bebé es mío?"

Se lo pregunté porque sentía celos e inseguridad, pero en cuanto las palabras salieron de mi boca, me sentí avergonzado. Camila prácticamente no pudo decir ni una sola palabra. Las lágrimas llenaban sus ojos. Finalmente, un suave y tembloroso susurro salió de sus labios. "¿Cómo puedes preguntarme eso? Sabes que eres el padre".

Instantáneamente supe que esa pregunta tenía poder para arruinar nuestro matrimonio. Ella interiorizó esa herida y la cargó con ella durante años, incluso hasta el día de hoy.

Nueve meses pasaron y Camila dio a luz a nuestra hermosa hija, Angelina. Tuve el privilegio de estar en la sala con Camila. La enfermera me miró sonriente y dijo: "¿Te gustaría ser el primero en sostenerla?"

La enfermera me entregó una hermosa y preciosa imagen. Cuando la vi y la sostuve, se prendió un fuego en mi corazón, devolviéndole la luz a mi vida. Yo cambiaría. Dejaría atrás esos errores y adicciones por el bien de mi esposa e hija. Sería el hombre que ellas necesitaban. Después de llevar a Angelina y Camila a casa, logré deshacerme de mis peligrosos vicios. Lástima que no durara.

Muy pronto, los demonios volvieron y se aprovecharon de mí. Rápidamente me di por vencido, y volví a ver porno. Este fue el comienzo de un efecto dominó, ya que el porno me llevó a dormir con otras mujeres, como antes. Una vez más, empeoré mi situación. Empecé una larga aventura con una compañera de trabajo en Chipotle.

Camila se dio cuenta rápidamente. Con frecuencia traía a Angelina a Chipotle para comer conmigo durante los meses posteriores al parto, y cada vez que venía, mi compañera de trabajo trataba mal a Camila, llegando a ser extremadamente grosera con ella. Camila también encontró varias llamadas de ella en mi teléfono, lo que provocó una confrontación.

"Estás hablando mucho con ella. ¿Estás teniendo una aventura?"

De nuevo, mentí, "¡Por supuesto que no! Trabajo con ella, y obviamente vamos a hablar".

Ella insistió, "¿Estás seguro?"

"Estás loca si piensas que alguna vez te engañaría, Camila. Eso es una locura".

Se quedó callada. "Está bien".

Ella sabía que yo estaba mintiendo. Por mucho que tratara de cambiar o cubrirme, mi matrimonio se deshacía lentamente.

Ahora, como dije antes, era bueno para ocultar mis adicciones y mi estilo de vida infiel. Mentí constantemente, encubriendo las mentiras con otras mentiras, aunque nadie puede vivir así para siempre. Eventualmente, me volví descuidado, y dejaba mensajes de texto en mi teléfono. Camila nunca más me cuestionó, pero siempre creí que ella sabía lo que estaba haciendo. Con el paso de los años, la tensión entre nosotros aumentó.

Todo esto hizo que la culpa y la vergüenza apretaran sus cadenas sobre mi, pero aún así no me atreví a decírselo a Camila ni a nadie más. Un hombre de verdad no confesaría. Todo, desde las acciones hasta sus consecuencias, me pesaba y me mantenía en la esclavitud.

Lecciones Aprendidas

Como puedes ver, el desarrollo profesional y una familia en crecimiento no curaron mis heridas. Fueron grandes bendiciones, pero una vez más, pensé que eran la cura. Cuando sostuve a mi hija por primera vez, pensé que nunca más sería infeliz.

Cuando ascendí en Chipotle, sentí que debería ser más feliz.

Esa mentalidad es un ejemplo de lo perdido que estaba. Asumí que la infelicidad era el verdadero problema de mi vida. Si pudiera ser feliz, dejaría de sentirme inseguro, dejaría de engañar, y sería un maravilloso esposo y padre. Sin embargo, la infelicidad no era el problema. Era sólo un síntoma de mis heridas más profundas.

Pensé que la felicidad se podía encontrar en el mundo. Mis circunstancias se veían muy bien, entonces ¿por qué no me despertaba feliz? Todos nosotros a veces caemos en esa mentalidad. Queremos cambiar nuestras circunstancias para poder estar contentos. Pensamos que si esta situación va en una dirección favorable, nuestras vidas de repente serán perfectas.

Esa es una creencia irreal e ilógica. La felicidad y el estar contento no tiene mucho que ver con el mundo. Estar contento, y tener verdadera felicidad y gozo, comienza en nuestros corazones. Sin embargo, no podemos tenerla a menos que saquemos todo el dolor de nuestros corazones, y eliminemos ese dolor al correr a Cristo y a los demás.

¿Qué dice Dios sobre este tema?

"Sé lo que es vivir en la pobreza, y lo que es vivir en la abundancia. He aprendido a vivir en todas y cada una de las circunstancias, tanto a quedar saciado como a pasar hambre, a tener de sobra como a sufrir escasez. Todo lo puedo en Cristo que me fortalece" Filipenses 4:12-13 (NVI).

El último versículo es muy conocido, pero es fácil perder el significado. ¡Paul escribió esto desde la prisión y dijo que estaba contento sin importar lo que pasara! ¿No va eso en contra de lo que el mundo nos dice? El mundo nos dice que no estemos contentos o felices hasta que consigamos lo que queremos. Dios nos dice lo contrario.

Te animo a que recuerdes que la felicidad nunca se encuentra en el mundo. Por el contrario, debemos preguntarnos por qué intentamos encontrarla en nuestras circunstancias. Muchas veces, la respuesta nos lleva de vuelta a esas heridas. Si la respuesta nos lleva nuevamente a nuestras heridas, necesitamos ir a las personas de nuestra confianza y compartir esas luchas.

Una vez más, tener a alguien cerca es fundamental, sobre todo porque buscar la felicidad en el mundo es un error muy fácil de cometer. Si no abordamos estas inclinaciones y heridas, ponemos en riesgo todas nuestras relaciones. Tratar de encontrar la felicidad en nuestras circunstancias o incluso en los miembros de nuestra familia, pone una carga de la que es difícil que todos puedan escapar.

CAPÍTULO 7

Pero ahora que han sido liberados del pecado y se han puesto al servicio de Dios, cosechan la santidad que conduce a la vida eterna. Romanos 6:22 (NVI)

Ya Basta de Ser un "Hombre"

Mis decisiones egoístas y absurdas continuaron, a pesar de que mi matrimonio se estaba desmoronando. Seguía mi aventura con mi compañera de trabajo y a veces me veía en situaciones en las que los tres teníamos que estar en el mismo sitio, por ejemplo, una fiesta de despedida para un empleado, un baby shower para otro, y la fiesta anual de Navidad. Camila no tenía que venir.

"Ella va a estar allí, ¿no?" Camila preguntaba.
"¡Ya te dije antes que no tienes nada de qué preocuparte! Te quiero allí, cariño. Quiero que mi esposa esté a mi lado".

Como si tuviera sospechas de algo, susurraba: "Está bien".

La quería allí por egoísmo y orgullo. Nada más.

La tensión aumentaba cada vez que estábamos todos juntos. Camila y mi compañera de trabajo cruzaban miradas y ocasionalmente se miraban fijamente. Sin embargo, como yo seguía tan atrapado en mí mismo y en mis propios problemas, no hice nada para impedirlo. No pensaba en nadie más que en mí mismo.

Incluso estando casado y manteniendo una aventura, me sentía demasiado incapaz y deseaba algo más. El vacío en mi corazón seguía agrandándose y a duras penas me sentía un hombre. Intenté compensarlo yendo a clubes nocturnos y hablando con otras mujeres.

¿Por qué no me había dado cuenta de que esto no me hacía sentir mejor ni me hacía más hombre? En realidad, no sabía nada más. Estas eran las soluciones que me enseñaron en ese viejo bar y que había probado una y otra vez. Sin embargo, a finales de 2010, se presentó otra oportunidad de cambio. La alta dirección me tendió la mano otra vez.

"Ariel, nos gustaría que supervisaras todas nuestras instalaciones de Oklahoma, así como algunas de las de Kansas. Para ello, necesitarás que tú y tu familia se muden a Oklahoma City".

Al igual que todas las otras veces que me mudé o cambié de circunstancias, vi esto como una oportunidad para hacer borrón y cuenta nueva. Podía dejar atrás mi pasado y mis adicciones, al tiempo que seguía adelante con mi familia. Por más que mereciera la culpa, estaba harto de ella. Desesperadamente quería convertirme en un mejor hombre, esposo y padre.

Nos mudamos a Oklahoma y compramos una nueva casa. Las cosas empezaron muy bien, justo antes de nuestra mudanza, tuvimos nuestra segunda hija, Juliana. Dejé el engaño y las inseguridades en Colorado, pero una vez más, rápidamente me siguieron a Oklahoma.

Ahora sé que fue el enemigo quien me atacó, sin importar las circunstancias de la vida, aunque no lo entendía en ese entonces. Seguía recordando mi pasado. Había cometido tantos errores y me había sumergido en un círculo vicioso de sexo ocasional. Me despertaba todas las mañanas y miraba al techo, pensando las mismas cosas de siempre. Pensaba: "Me quitaron mi hombría. Nunca podré recuperarme de esto. No valgo nada".

Volví a la pornografía y a las fiestas para poder afrontarlo. Volví a engañar con varias mujeres, reanudando mi doble vida. Viví este asqueroso estilo de vida durante doce años, ocho en Colorado y cuatro en Oklahoma. Luego, como con cualquier mentira y pecado, un día estalló y prendió fuego. La mentira y el pecado siempre están expuestos y el mío no fue una excepción.

Era el 5 de febrero de 2016.

Camila se me acercó y me dijo: "Ariel, tenemos que hablar".

Yo sabía que no era bueno. "¿Qué pasa, cariño?"

"Creo que ambos lo sabemos. Estoy cansada de vivir así", dijo, expresando más sinceridad en su voz y en sus ojos de lo que yo había notado en mucho tiempo. Ella no disfrutó de esto, pero tampoco se contuvo. "Quiero separarme. Necesito que te vayas".

Por más que sus palabras me destrozaron, no podía discutir nada.

"Está bien. Me iré".
Durante años la lastimé, y ahora, lo menos que podía hacer era hacer lo que me pedía. Eso sin mencionar que estaba cansado de vivir mi doble vida. Algo tenía que cambiar, así que no tenía sentido tratar de que la vida siguiera igual. Sin embargo, eso no cambió el dolor de este día.

"Papá, ¿a dónde vas?" Angelina, que ahora tenía seis años, preguntó. Su rostro inocente mostraba confusión mientras yo hacía las maletas. Juliana, ya con cuatro años, tampoco parecía menos confundida.

Angelina gritó: "¡Papá, no te vayas!"

Al ver el dolor en los rostros de mis hijas, hizo que todo encajara de un modo diferente. Había sentido culpa y vergüenza durante años, pero no de esta manera. Finalmente, me di cuenta de lo que había hecho. Destruí mi matrimonio a causa de mis engaños, mentiras y adicciones. Herí a mi esposa día tras día con esas acciones. Destruí a mi familia a causa de mis pecados. Destruí la familia feliz que mis hijas podrían haber tenido.

A eso de las 2:00 p.m. de ese mismo día, me registré en el Fairfield Inn & Suites en Oklahoma City. Sentado en mi nuevo hogar, los antiguos pensamientos volvieron y comenzaron a revolotear a mi alrededor.

"Fracasé completamente como hombre".

No sólo no valía nada, sino que había alejado a todos de mi. Justo como siempre lo había temido. Además de eso, todavía tenía esos deseos incontrolables. Anhelaba el porno, la masturbación, el sexo, y las mujeres al igual que alguien anhela la cocaína.

Todo parecía irremediable. Lloré y tomé mi decisión. Necesitaba morir. Había llegado el momento de que literalmente apretara el gatillo. Me levanté de la cama y busqué en mis maletas, hasta que encontré el arma. Tiré la ropa a un lado y levanté el arma, poniéndola en mi frente. Entonces, cuando mi dedo pasó por encima del gatillo, los vi.

De hecho, sólo pude verlas. Los rostros de mis hijas bloqueaban todo lo que me rodeaba. En aquel entonces aún no creía en Dios, pero de alguna manera, Él seguía mostrando Sus milagros. El arma se me escurrió de las manos. Escuché el golpe cuando cayó al suelo, pero aún así sólo vi a mi familia.

Estuve de un lado para otro durante horas, pero no podía continuar a causa de sus rostros. No podía quitármelos de la cabeza. Hoy, estoy muy agradecido por eso. Sentí que los ángeles me rodeaban en ese momento. Dios tenía un propósito para mi vida.

Empecé a acercarme a algunas personas, amigos o consejeros. Nadie contestó el teléfono. No obstante, los viejos pensamientos trataron de recuperar el control de mi mente.

"Un hombre de verdad siempre es fuerte. Nunca muestra debilidad. Si muestras debilidad, no eres un hombre".
Esas palabras me golpearon la cabeza como si fueran puños, sin embargo, sabía que si dejaba que tuvieran el mismo poder, terminaría con mi vida. Si quería vivir y estar ahí para mi familia, tendría que tomar una de las decisiones más difíciles.

Ya basta de ser un "hombre".

Sin nada más que perder, excepto mi vida, crucé la calle hacia el Hospital St. Anthony a las 2:00 a.m.

"Uh, necesito ayuda. Lo intenté", dudé, "casi intenté suicidarme hoy. Quiero suicidarme".

El personal del hospital me puso en una habitación apartada y dos médicos diferentes vinieron a evaluarme. Por primera vez en mi vida hablé abiertamente sobre mis heridas. Les conté cómo un amigo abusó de mí cuando sólo tenía once años. Cómo me había hecho adicto al sexo desde que era adolescente. Les conté que Camila me pidió que me fuera de la casa.

Ellos respondieron haciendo la misma pregunta en diferentes ocasiones.

"Sr. Delgado, ¿realmente quiere ayuda?"

Todas las veces les di la misma respuesta.

"Sí. Vine a usted porque necesito ayuda".

No me sentía muy cómodo diciendo eso, pero sabía que no tenía otra opción.
Uno de los médicos dijo: "Bueno, Sr. Delgado, nuestra única opción es enviarlo al Hospital Mental Cedar Ridge. Es un centro especializado en el tratamiento de la salud mental y pueden darle la ayuda que necesita".

Llamaron a un oficial de policía para que me llevara allá, y antes de que me diera cuenta, estaba en la parte trasera de un auto de policía. El oficial fue amable, y ni siquiera me esposaron, sin embargo, me sentí patético. El trayecto sólo duró treinta y cinco minutos, pero nunca había experimentado un viaje tan largo como ése. Miré por la ventana del auto y lloré, mientras el enemigo ponía las mismas viejas mentiras en mi mente.

"No valía nada y merecía morir".

En medio de todo esto, sólo podía hacer una pregunta.

"Si Dios existía, ¿por qué sucedió esto? ¿Por qué me pasó todo esto?"

Cuando finalmente llegamos a Cedar Ridge, pasé por un largo proceso de registro. Llené un montón de papeles, hablé con las enfermeras y me hicieron un examen físico completo.

La enfermera me preguntó: "Sr. Delgado, no tiene lesiones visibles y su historial médico no indica ningún problema de salud mental. ¿Por qué vino a Cedar Ridge?"

"Necesito ayuda", respondí, "Realmente necesito ayuda".

Me ingresaron, pero las cosas no mejoraron al instante. No quedaba espacio en el pabellón de hombres, así que me pusieron en un pabellón con mujeres mayores. El personal hizo que me quitara casi toda mi ropa, por lo que sólo me dejaron la camiseta y la ropa interior cuando entré en mi habitación.

Mi habitación era completamente blanca. No había nada en esa habitación excepto una cama. Incluso las sábanas de la cama eran diferentes a las que yo había visto, para que ningún paciente pudiera usarlas para intentar suicidarse. Cada dos horas alguien me revisaba, pero aparte de eso, estaba completamente solo. Durante la noche, retrocedí a mi forma habitual de pensar. El pensamiento que se convirtió en normal para mí.

"Necesitaba morir".

No sabía que lo mejor estaba por venir. El día siguiente, el 6 de febrero, cambió mi vida para siempre.

Lecciones Aprendidas

En cada capítulo, he hablado de las consecuencias, pero realmente puedes ver las consecuencias de mis acciones en este capítulo. Las piedras en mi mochila me pusieron de rodillas. Gracias a mis adicciones, estaba perdiendo a todos los que amaba.

Esas adicciones, síntomas de mis heridas más profundas, seguían añadiendo piedras a mi mochila. Con el paso de los años, la culpa y la vergüenza se volvieron insoportables, y cuando estaba en esa habitación de hotel, eso llegó a su punto máximo.

Ese es siempre el destino final de estas adicciones, no importa cuán reconfortantes parezcan en el momento. Nos hacen odiarnos a nosotros mismos y dudar de nuestra dignidad. Nos consumen, nos lavan el cerebro para que pensemos que no podemos parar. Nos sentimos desesperados, y a veces, eso nos lleva a tener pensamientos suicidas e incluso a intentarlo.

Naturalmente, todos queremos evitar esto, pero estas adicciones pueden engañarnos. Por eso debemos reconocer que tenemos un problema, sin importar en qué punto del proceso nos encontramos. Si sentimos que estamos demasiado lejos, debemos buscar ayuda profesional si queremos que algo mejore. No sólo eso, sino que necesitamos buscar ayuda espiritual, aunque nunca hayamos tenido una conversación espiritual antes. Necesitamos que la gente nos lleve a Jesús y a Su redención porque es lo único que puede vencer la culpa y la vergüenza en nuestros corazones.

¿Qué dice Dios sobre esto? Bueno, Él tiene un par de cosas que decir.

"El sacrificio que te agrada es un espíritu quebrantado; tú, oh Dios, no desprecias al corazón quebrantado y arrepentido". Salmo 51:17 (NVI)

David escribió estas palabras después de cometer adulterio y asesinato. Experimentó las consecuencias de su pecado y su corazón estaba destrozado, sin embargo, él menciona algo sorprendente: Dios no desprecia un corazón quebrantado y arrepentido que se presenta ante Él.

"Por lo tanto, ya no hay ninguna condenación para los que están unidos a Cristo Jesús, pues por medio de él la ley del Espíritu de vida me[b] ha liberado de la ley del pecado y de la muerte" Romanos 8:1-2 (NVI)

Cuando Cristo perdona nuestros pecados con Su muerte pagando la pena y Su resurrección derrotando a la muerte, somos libres de cualquier condena. Somos libres de esas adicciones. Cada uno de nosotros puede descansar en esta verdad conociendo a Cristo.

Incluso cuando buscamos ayuda espiritual, debemos recordar que debemos aferrarnos a estas verdades y apegarnos a nuestro plan de sanidad. Nos llevó tiempo permitir que estas adicciones e impulsos nos dominaran, así que nos llevará tiempo alejarnos de ellos. No obstante, eso no significa que debamos desistir. ¡Eso demuestra que debemos perseverar! Si no buscamos ayuda y a Cristo, seguiremos viviendo una vida infeliz. Una vida miserable que nos lleva por un camino peligroso.

CAPÍTULO 8

Este pobre clamó, y el Señor le oyó
y lo libró de todas sus angustias. Salmo 34:6
(NVI)

El Comienzo de una Nueva Vida

No sabía qué podía esperar el 6 de febrero de 2016. Cedar Ridge ya tenía un día estructurado para mí, aunque todo esto parecía un territorio completamente nuevo. Mis actividades iban desde comidas y clases, hasta reuniones con consejeros y psiquiatras. Esto resultó ser muy distinto a mi vida en los bares, granjas y fábricas de Uruguay. Afortunadamente, durante ese tiempo, el centro me permitió hacer una llamada telefónica.

"Camila, ayer casi intenté suicidarme. Estoy en un centro de salud mental".

"Oh, Ariel".

Ella fue muy amable y vino a visitarme, pero la visita no fue tan buena como me hubiera gustado.

Me dijo: "Quiero que hagas lo que necesites para mejorar. Hazlo por nuestras hijas".

Lo dijo en serio, pero aún así vi la misma cruda honestidad en sus ojos y la escuché en su voz. Ella no quería buscar la reconciliación. No la culpé. Tenía todo el derecho de sentirse así. Aún así, fue como un golpe bajo. Perdí a mi esposa y no pude recuperarla.

De nuevo, eso me robó las ganas de vivir. No vi ninguna esperanza en esta situación, y dudé de por qué había llegado a este extraño lugar. Camila ya no me quería. Probablemente todos estarían mejor si yo estuviera muerto.

Antes de esto no pensaba mucho en Dios, y si lo hacía, creía que no le importaba y que no quería ayudarme con mis problemas. Después de mi desafortunada visita con Camila, empecé a pensar más en Él.

A las 10 de la noche, cuando me fui a la cama, estaba harto. Todas mis emociones empezaron a fluir. Caí de rodillas y empecé a gritarle a Dios. Le dije palabras ofensivas. Lo desafié y simplemente grité.

"¡Si eres real, muéstrame!"

Seguí haciendo la misma pregunta una y otra vez.

"¿Por qué? ¡¿Por qué me está pasando esto?!"

A esto no le habría llamado orar. No sabía cómo hacerlo. No tenía ninguna reverencia. Seguí descargando mi ira en Él durante los siguientes treinta minutos. Entonces, algo en mi corazón cambió. Tal vez se cansó de que le gritara. De repente, sentí alivio. Las cargas cayeron de mi espalda. Las mismas cargas y defectos que llevaba en la espalda desde que tenía once años. Incluso oí voces.

Primero, traté de negarlo. Estaba encerrado en un hospital mental, así que, por supuesto, oía voces. Probablemente me estaba volviendo loco. Mi negación no detuvo las voces y la paz permaneció. No eran sólo voces en mi cabeza. Dios me habló. Los escalofríos recorrían cada parte de mi cuerpo y me quedé mirando la pared. Incluso empecé a sonreír.

"Dios, ¿eres Tú?"

Él lo confirmó una y otra vez, haciendo desaparecer mis dudas. En toda mi vida, nunca sentí que pudiera alejarme de mi inmundicia. Ahora, literalmente sentí como si Él se metiera en mi corazón y me sacara todo eso. Me sentí más liviano que antes cuando me acosté esa noche. Cuando me desperté a la mañana siguiente, me sentía feliz. Finalmente tenía una esperanza en algo más allá de mi visión distorsionada de la hombría. Tenía una esperanza real.

Nunca me gustó escribir, pero esa mañana, empecé a escribir mis nuevas metas. Quería involucrarme en la iglesia. Quería bautizarme. Ahora que comencé una relación con Dios, pensé que todo mejoraría al instante. Todavía no estoy seguro si los médicos y enfermeras me creyeron cuando les conté todo esto, sin embargo, eso no me importó. Conocía al único Dios vivo y verdadero.

Cinco días después, me dieron el alta, y era un hombre totalmente diferente al que entró en Cedar Ridge durante la noche unos días atrás. Camila y su madre me recogieron, y cuando salí del lugar, supe que salía con Dios a mi lado. Salía con una esperanza real porque Dios es la esperanza.

Cuando Camila me trajo a nuestra casa, me alegré mucho de ver a Angelina y Juliana, y las abracé y besé. Sentí una mezcla de paz, gozo y emoción. Rápidamente, me acordé de la realidad. Después Camila me dijo: "Me alegro de que estés bien, pero mis sentimientos no han cambiado. No creo que sea bueno para ti estar viviendo en la casa".

"Lo comprendo. Si me dejas quedarme durante treinta días, trabajaré para encontrar un lugar fijo donde ir".

"Muy bien", aceptó, "treinta días".

Reapareció el dolor de un matrimonio destrozado, pero aún así me sentía decidido a hacer todo lo que había escrito en Cedar Ridge. Quería leer la Biblia y escribir un diario mientras buscaba una iglesia local. Camila me ayudó con eso.

Ella me dijo, "Hay una iglesia cerca. Creo que es Life Church. Me enteré que Kevin Durant va allá".

Decidí que lo intentaría. Tan pronto como entré a Life Church me sentí completamente cómodo. La gente ahí me trató como si fuese de la familia. Prácticamente no me conocían, pero parecía que en realidad se preocupaban por mí. Todo salió tan bien que incluso pedí reunirme con el pastor del campus, Chris Beall.

Chris accedió a reunirse conmigo en su oficina y enseguida se emocionó. Mientras yo lloraba, le expliqué todo lo que había pasado. El pastor Chris me escuchó paciente y amablemente.

"Dios te ama, Ariel. Jesús está caminando contigo en todo esto. Algo que te puede ayudar es buscar uno o dos mentores para que también caminen contigo en esto. Conozco a algunos varones que me gustaría que conocieras".

En la siguiente semana, me reuní con Trey Dixon en una cafetería en la ciudad de Oklahoma. El pastor Chris me mandó con Trey porque Trey es el director de True North Ministries, una organización dedicada a animar y estimular a los hombres en su viaje espiritual. Me emocioné cuando me reuní con Trey, aún sintiéndome muy mal. Nada de eso desconcertó a Trey. Empezó a instruirme en ese momento, brindándome su sabiduría y sus consejos. Sentí que me había adoptado sin vacilar. Nadie había hecho eso por mí después de Tito, y esto fue a un nivel mucho más profundo.

Como si eso no fuera suficiente, Trey me sugirió que probara con un grupo llamado Club de Lucha (Luchando por el Matrimonio y la Familia). Hombres y mujeres asisten al Club de la Lucha una vez a la semana para aprender sobre Dios, cómo convertirse en la persona que tu cónyuge necesita, y cómo no renunciar a tu familia. Todo me sonaba tan nuevo y extraño, pero sabía que algo bueno podía salir de ahí.

Decidí asistir a la siguiente reunión del Club de Lucha, llegando temprano y conociendo al líder del grupo, Greg Gunn. Greg me invitó a su oficina, junto con un par de líderes del grupo, y hablamos de mi historia.

Uno de los veteranos del Club de Lucha dijo: "No estás solo, Ariel. He experimentado muchas de esas mismas dudas y pensamientos dañinos. Todos hemos enfrentado cada tentación como tú, y todos hemos caído varias veces".

Parecía irreal. Mi padre y sus amigos nunca quisieron mostrar debilidad porque eso no era parte de la verdadera hombría. Ahora, me senté en una oficina con un grupo de hombres que disfrutaban compartiendo sus debilidades. Fue una experiencia de mucha libertad. Sin embargo, todavía cuestionaba algunas cosas.

"¡Hay un propósito para tu dolor, Ariel", dijo Greg, sonriendo, "Dios tiene un mejor propósito de lo que podemos imaginar en este momento!"

De hecho, parecía como si estuviera entusiasmado con ellos. Me pareció un poco desagradable. ¿Mi familia se desmoronó y se supone que yo debía creer que había un misterioso propósito en toda la ruptura? Incluso cuestioné el constante optimismo de Greg. ¿Cómo puede alguien ser tan positivo en una situación tan terrible como esta? No obstante, había algo en ese optimismo que me hacía volver al Club de Lucha. Empecé a asistir semanalmente.

Una noche Greg dijo: "Es fundamental luchar por tu familia. El mundo te dirá que renuncies a tu matrimonio, pero todo eso es parte de una mentira. Como hombre, estás llamado a liderar y luchar por tu esposa e hijos, sin importar el obstáculo al que te enfrentes".

Estas enseñanzas resumían el conflicto en mi cabeza. La parte mundana en mí, la parte que había corrido desenfrenadamente la mayor parte de mi vida, me dijo que debía renunciar a Camila y seguir adelante. Podría encontrar una nueva y mejor esposa, y reconstruir mi familia. Ahora, algo más me impulsaba contra esa mentalidad y tenía sentido. Camila me esperó durante doce años, así que no estaba bien que me rindiera después de unos pocos meses.

Trey Dixon dijo, "Estás bien encaminado, Ariel, y ahora es el momento de sumergirte". Estudia la Palabra de Dios y medita en ella durante el día. Asiste a la iglesia semanalmente e intenta involucrarte".

Trey y Greg tampoco dejaron de luchar por mí.

Seguí sus consejos, y a medida que iba a Life Church los fines de semana, seguía teniendo paz. El ambiente en la iglesia era muy reconfortante. La gente te acepta en tu quebrantamiento y en tu pecado. Incluso Camila y las niñas comenzaron a venir y a sentarse conmigo. Empecé a ser voluntario y disfrutaba cada segundo que pasaba. Mientras mi compromiso en la iglesia crecía, parecía que las cosas estaban mejorando. Otra vez, eso era lo que parecía.
No entendía por qué todo lo que me rodeaba no había vuelto a la normalidad. Si estaba en el "buen camino", ¿por qué mis problemas no desaparecían? ¿No es eso lo que se supone que pasa cuando te conviertes en cristiano?

En esa época, también me mudé a un departamento en un vecindario de Oklahoma. Y otra vez, cuando me acostaba y me despertaba solo, repetía viejos pensamientos y hábitos.

"Necesitaba morir".

Sentía que necesitaba ver porno, beber alcohol, y hacer lo que fuera necesario para que estos sentimientos desaparecieran. Con frecuencia también cedía a estos pensamientos. Me tropecé y no lo entendía. El conflicto continuó mientras seguía asistiendo a la iglesia y leyendo la Palabra. A pesar de mis luchas, Dios me hizo crecer, y a finales de 2016, decidí que era hora de bautizarme. A pesar de que Camila y yo no estábamos tan bien, ella vino a mi bautismo para apoyarme.

El pastor Chris preguntó: "Ariel, ¿has hecho a Jesucristo tu Señor y Salvador, creyendo que murió por tus pecados y resucitó a la vida?"

"¡Sí, lo he hecho!"

Los voluntarios me sostuvieron los brazos mientras me inclinaba hacia atrás, sumergiéndome más en el agua.

"Entonces te bautizo, hermano mío, enterrado con Cristo en el bautismo...".

Estuve sumergido durante unos segundos antes de que me levantaran emocionados.

"...y me levantó para caminar en novedad de vida!"

Los aplausos resonaron en las paredes. Me sentí como si estuviera en la cima del mundo. Tal vez esto fue lo que se necesitó para cambiar mis circunstancias. Desafortunadamente, es ahí donde pensé mal.

Lecciones Aprendidas

Nunca quise terminar en un hospital ni en un manicomio. Sólo fui allí cuando sentí que mi vida estaba en peligro y cuando no tenía otra opción. Perdí a mi esposa, mis hijas y mi hogar antes de que decidiera buscar ayuda.

A veces, no nos rendimos ni buscamos ayuda hasta que tocamos fondo. Ahora mismo, quiero que sepas que no debes esperar hasta que llegues a ese punto. Extiende la mano ahora para no tener que hacerlo después. Ahórrate a ti y a tu familia el dolor clamando a Dios justo donde estás.

¿Qué dice Dios sobre pedir ayuda?

"Por eso el Señor los espera, para tenerles piedad; por eso se levanta para mostrarles compasión.

Porque el Señor es un Dios de justicia. ¡Dichosos todos los que en él esperan! Pueblo de Sión, que habitas en Jerusalén, ya no llorarás más. ¡El Dios de piedad se apiadará de ti cuando clames pidiendo ayuda! Tan pronto como te oiga, te responderá". Isaías 30:18-19 (NIV).

Lo que Dios le dijo a Israel en medio de su pecado es verdad para nosotros hoy. Dios te anhela, está listo para que le clames. No tardará en responderte. Parece un paso difícil de dar, especialmente cuando nos damos cuenta de que nuestras acciones equivocadas y pecados están en contra de Dios y de los que nos rodean. Cuando nos humillamos, encontramos descanso, tal como hice esa noche en Cedar Ridge.

Se realista y sincero contigo mismo y con Dios. Dile lo que realmente está en tu corazón y saca esas heridas a la superficie. No sufras más en esa oscuridad. En lugar de eso, deja que la compasión de Dios te invada. Permite que la persona o personas de confianza en tu vida sepan exactamente lo que está pasando y permíteles que caminen contigo en este proceso.

No puedo quitarle importancia a esto. Si esperamos a que nuestras heridas y adicciones nos dominen, no sólo nos estamos haciendo daño a nosotros mismos. Estamos hiriendo a quienes se preocupan por nosotros, especialmente a nuestros cónyuges, hijos y amigos cercanos. Si clamarle a Dios por ayuda y enfrentar nuestras luchas les ayuda, no debemos dejar que nada nos detenga.

Puede que no sepas qué decirle a Dios. No hay problema, porque Él sabe lo que necesitas. Sólo clama a Jesús, aunque no tengas las palabras. Confía en Él y descubre cómo es seguirle. Sumérgete en una iglesia local y disfruta de la comunidad. Empieza a leer la Biblia y descubre cuánto te ama Dios y lo que quiere hacer en tu vida. Como dice Efesios 3:20, Dios puede hacer muchísimo más de lo que podemos pedir o imaginar según su poder que actúa en nosotros. Buscar ayuda no debería ser un punto final en tu vida. Pedir ayuda debería ser sólo el comienzo de tu nueva vida.

CAPÍTULO 9

Pero tú, Señor, eres Dios clemente y compasivo,
lento para la ira, y grande en amor y verdad.
Salmos 86:15 (NVI)

Las Expectativas Equivocadas del Cristianismo

Cuando te vuelves cristiano, se supone que todo se arreglará solo, ¿verdad? Seguramente en algún momento, ya sea cuando te salvas o te bautizas, las cosas cambian mágicamente, ¿no? Sí, eso es lo que yo también pensé. No sucedió de esa manera.

Volví a trabajar en Chipotle poco después y todavía estaba administrando muchos lugares y supervisando bastantes empleados. Parecía que tenía éxito, pero a la vida no le importa cómo te ves. Poco a poco, mi trauma personal comenzó a despojarme de mi imagen de éxito y de grandes logros.

Mi vida espiritual estaba creciendo con una nueva vida, pero a pesar de todo, me sentía mal dirigiendo a cientos de personas en el trabajo y fracasando a la hora de dirigir a mi familia de cuatro personas. Así como la culpa y la vergüenza destrozaron todas las demás áreas de mi vida, éstas volvieron a surgir, y no sólo cuando estaba en la cama.

Recuerdo que iba en el auto a mis restaurantes y luego rompía en llanto antes de entrar. Me sentaba en el auto y me ahogaba en la vergüenza. A veces, si lograba entrar en el restaurante, me desmoronaba una vez más delante de los gerentes.

Me preguntaban: "Señor, ¿está bien?"

A veces, ni siquiera podía responder. Pasé años subiendo la escalera del éxito, logrando prestigio en Chipotle y ganando gloria para mí, y ahora era un desastre. Entonces, llegó el golpe final.

Llegaron los papeles del divorcio de Camila. Los tenía en mis manos y escasamente tuve fuerzas para hojearlos. Mi madre, que venía de visita desde Uruguay, se quedó en la sala y me miraba nerviosa. El texto era de carácter general, pero ver el final de nuestro matrimonio por escrito era como un golpe en el estómago. Mi mamá y yo lloramos por lo que fue el verdadero fin de mi matrimonio.

Estas fueron las consecuencias de mis malas elecciones, pero aún así le seguía haciendo la misma pregunta una y otra vez.

"Acabo de ser bautizado, ¿por qué me está pasando esto?"

La depresión se tornó muy severa y mi situación laboral empeoró. Me desperté y miré fijamente al techo una vez más. Mi cama se sentía tan fría e incómoda como cuando me envolví en un suéter calentado con ladrillos. Mi matrimonio se había acabado. Perdí a mi familia. Era como si no valiera nada otra vez. Pensaba: "¿Por qué preocuparse por salir de la cama?"

Estas palabras se repitieron todo el día, todos los días, durante las dos semanas siguientes. Nunca me levanté de la cama. Por el contrario, creí las mentiras del enemigo.

Con el tiempo, comprendí que mis restaurantes merecían algo mejor. Algo mejor que un hombre que lloraba en la cama todo el día. Sabía que tenía que enfrentarme a mi jefe. Temblaba mientras me ponía el teléfono en la oreja. Ella parecía confundida.

"Ariel, ¿qué pasa?"

"No he estado trabajando. No sé qué está pasando en cada uno de los lugares y no lo he sabido en meses. Ni siquiera he entrado en las últimas dos semanas."

Enojada, ella respondió: "Esto es grave. Muy grave. Lo sabes, ¿verdad?"

"Sí. Lo siento".

Me despidieron. Después de años de ascensos y éxitos, lo perdí todo y terminé justo donde empecé. Me sentí como si hubiera tocado fondo. No había tocado. Todavía no.

Más o menos por esta misma época, pedí una cita con un nuevo consejero, el Dr. Talley. Durante mi primera cita, me hizo múltiples pruebas para determinar mi nivel de depresión.

"Obtuviste un puntaje muy alto en todos ellos, Ariel. Creo que sería de gran ayuda que trabajáramos juntos".

Le dije: "Quiero hacerlo, pero ni siquiera tengo un trabajo. Tengo una familia que cuidar. No sé si puedo".

De forma comprensiva dijo, "No te preocupes, podemos resolver las finanzas luego. Quiero ayudarte".

Continué con algunos hábitos saludables. Me reuní con Trey y Greg, fui voluntario en Life Church y asistí al Club de Lucha semanalmente. Escuché muchos testimonios similares de la gente que me rodeaba. Otros miembros también habían luchado contra la adicción a la pornografía. Conocí a otros que le habían sido infieles a su esposa. Otros que fueron abusados sexualmente cuando eran niños. Sorprendentemente, conocí a varias personas que también sentían que nunca serían lo suficientemente buenas.

Finalmente empecé a darme cuenta de que no era el único que se enfrentaba a estos problemas. Comenzaba a comprender que necesitaba compartir mi historia con los demás. Una vez más, sentí un intenso conflicto dentro de mí. Le oraba a Dios.

"Dios, quiero que sanes mis heridas y me ayudes a dejar atrás mis adicciones".

Sin embargo, los impulsos de mi carne seguían siendo naturales. Incluso intenté salir y conocer mujeres para poder tener sexo. Conocí a unas cuantas, pero antes de que llegáramos lejos, algo nos detuvo una y otra vez. Terminaría solo en mi cama una vez más, viviendo en mis deseos carnales. ¿Por qué se siguió cerrando la puerta? Las palabras de Greg volvieron a mi mente.

"¡Dios tiene un mejor propósito de lo que podemos imaginar en este momento!"

Tal vez no fue tan desagradable como pensé. Tal vez no podía tener sexo con estas mujeres porque Dios tenía algo mejor. Eso no hizo las cosas perfectas inmediatamente, por mucho que quisiera que así fuera.

Conseguí un trabajo como gerente general en otro restaurante, con una gran reducción de salario. Todavía pagaba la hipoteca, el alquiler de mi propio apartamento, y quería asegurarme de que Camila y las niñas tuvieran cada día lo que necesitaban. Con el paso de los meses, todas estas cuentas trataban de perjudicarme.

Tuve que decirle a Camila, "Creo que tenemos que vender la casa. Ya no puedo pagar la hipoteca. Lo siento mucho".

Camila y las niñas se mudaron a una casa que alquilaban, mientras que yo no podía ni siquiera pagar mi propio alquiler o comprar comida para mí. Todo lo que podía hacer era pagar las facturas de mis hijas. Hubiese terminado bajo un puente en caso que Camila no tuviese dinero para el alquiler y la comida de nuestras hijas, y resulta que me estaba dirigiendo precisamente a eso.

Para poder seguir pagando sus cuentas, empaqué las pequeñas pertenencias que tenía en mi Chevy Silverado de 1999 y me mudé de mi apartamento. Mientras trataba de idear algún otro plan, dormía en mi camioneta en el estacionamiento de Walmart por la noche. Visitaba a mis hijas cada dos días.

Ellas me preguntaban, "Papi, ¿por qué no podemos ir?"

No quería preocuparlas, así que dije: "Estoy tratando de resolver algunas cosas, preciosas".

"¡Pero queremos quedarnos contigo!" Ellas decían.

Tuve que decirles la verdad. "No me quedaré más en mi apartamento, mis amores. Estoy durmiendo en mi camioneta ahora mismo, pero no se preocupen por nada. Siempre tendrán un lugar donde dormir y no les faltará la comida".

Yo tampoco quería mentir. Necesitaba dejar eso atrás.

Una solución tampoco parecía estar cerca, al menos no al final de 2017. Cuando llegó la víspera de Año Nuevo, volví a pasar la noche en el estacionamiento de Walmart. No podía dormirme, ya que mi mente estaba obsesionada con mis finanzas. No podía hacer nada para cambiar mis circunstancias. No tenía nada. Miré alrededor de la camioneta. No tenía a nadie. El único que quedaba conmigo era Dios.

Pregunté: "¿Cómo terminé aquí, Dios?"

No hubo respuesta inmediata. Frustrado, volví a hacer una pregunta habitual: "¡No lo entiendo! ¡¿Por qué me está pasando esto?! ¡Estoy tan cansado de preguntarte eso, pero las cosas nunca mejoran!"
Finalmente, me dio una respuesta. Me reveló que todo lo que construí, incluyendo mi carrera, no fue construido sobre los cimientos correctos. Me mostró como yo había construido tanto en mi vida con mis propias fuerzas, por ejemplo, mi matrimonio o mi familia, y que nada de eso se había construido sobre Él.

Nunca empecé con una base sólida. Empecé con un cimiento de heridas, adicciones e infidelidad. La casa que intenté construir nunca pudo mantenerse en pie. Cuando llegaban las tormentas, definitivamente se caía. Su fin era evidente sin tener los cimientos correctos.

Dios me dijo que tenía que rendirme. Necesitaba soltar las finanzas, la preocupación, el miedo, la culpa, la vergüenza y todo lo demás. Necesitaba confiar en que Él y sólo Él me protegería. Iba en contra de todo lo que siempre pensé sobre la hombría, y ahora, Dios me dijo que esa era la solución.

"Un verdadero hombre siempre es fuerte. Nunca muestra debilidad. Si muestras debilidad, no eres un hombre. Un verdadero hombre protege y provee a su familia. Un hombre de verdad toma lo que quiere y le da a los demás lo que se merecen. Un hombre de verdad sabe cómo llevar una mujer a la cama".

Nunca solté esas enseñanzas. Me aferré a esas enseñanzas durante años, y ahora, pude ver que no era una base para construir una vida y una familia. Esos cimientos me trajeron aquí.

Nunca olvidé mi abuso sexual. Lo usé para juzgar la forma en que me sentía acerca de mí mismo. Nunca dejé mis adicciones. Hice todo lo posible por satisfacerlas. Nunca dejé de lado mis inseguridades. Seguía dándole poder a esos viejos pensamientos.

Me acerqué a Dios y le dije: "Dios, me rindo ante ti. Toma todo. Toma mi pasado y sana mis heridas. Sana a mi familia. Dame el poder para escapar de esas adicciones. Lava mi culpa y mi vergüenza. No dejes que nada de esto me afecte. Por favor, Señor, cuida de mí. Soy tuyo".

La decisión me dio más libertad de lo que pensé que existía. Me dormí experimentando una completa paz. El asiento del conductor de mi camioneta parecía una cama mucho más cómoda que cualquier otra. Finalmente, no miré fijamente al techo.

El 15 de enero del 2018, después de lavarme la cara y cepillarme los dientes dentro de Walmart, respondí a una llamada de Greg.

Me preguntó: "Ariel, ¿dónde estás ahora?"

Le dije la verdad. "Yo, bueno, estoy en Walmart. Estoy viviendo en mi camioneta. Perdí mi apartamento".

Ni siquiera se detuvo a pensar. "Ven a quedarte con nosotros. ¡Tenemos un lugar perfecto para ti! Está completamente amueblado y tiene todo lo que necesitas".

No le contesté. Mi vieja forma de pensar todavía quería atacar.

Dijo, "No aceptaré un no como respuesta. ¡Vas a venir y estaremos encantados de tenerte!"

No podía creerlo. "Gracias, Greg. Muchas gracias".

El Espíritu Santo lo impulsó a llamarme esa mañana, a pesar de mis errores. Y lo más importante, ya no era esa clase de hombre. Lo entregué todo a Dios. Finalmente manejé hasta su casa y vi a su esposa, Rhonda, así como a sus hijos. A ninguno de ellos los conocía muy bien.

Greg sonrió y dijo: "Estamos muy contentos de que estés aquí. Antes de mostrarte la casa, nos gustaría tomar un minuto para orar por ti".

No creo que se hayan dado cuenta que Dios los usó para salvar mi vida ese día y la de mi familia. Llamé a mis hijas y les dije: "Niñas, ¿adivinen qué? ¡Pueden venir a quedarse conmigo otra vez!"

La familia Gunn venía con frecuencia a vernos. Nunca había conocido una familia tan generosa, hermosa y amorosa como la de Greg, Rhonda y todos sus hijos. En los siguientes seis meses, me quedé en ese pequeño apartamento y les ayudé con cualquier cosa que pudiera hacer en la casa. Greg no quería recibir dinero por el alquiler, así que decidí hacer lo que fuera para servir a esta familia y retribuirles de alguna manera. Además, volví al negocio de los restaurantes, convirtiéndome en el gerente general de The Shack en Oklahoma.

Las cosas no eran perfectas. Seguía teniendo dificultades y días difíciles, pero había muchas cosas buenas. Finalmente confié en Dios y no en mí mismo.

Lecciones Aprendidas

Si bien fue un milagro el haberme hecho cristiano, tenía las expectativas equivocadas sobre el cristianismo. Como acabas de leer, pensé que Jesús podría mover una varita mágica y hacer que todos mis problemas desaparecieran. Estaba muy equivocado.

No me malinterpretes, Jesús hace milagros y nos libra de muchas consecuencias por causa de nuestro pecado, siendo el infierno y la separación permanente de Dios la máxima consecuencia, sin embargo, todavía tenemos que experimentar algunas de las consecuencias terrenales de nuestro pecado. Mis consecuencias alcanzaron otra dimensión en este momento de mi vida, así que tenemos que reconocer y comprender que las consecuencias son reales. Ellas demuestran por qué debemos buscar ayuda.

¿Qué dice Dios sobre las consecuencias?

"No se engañen: de Dios nadie se burla. Cada uno cosecha lo que siembra. El que siembra para agradar a su naturaleza pecaminosa, de esa misma naturaleza cosechará destrucción; el que siembra para agradar al Espíritu, del Espíritu cosechará vida eterna". Gálatas 6:7-8 (NVI)

Esto no se refiere a una especie de karma. Una forma sencilla de aplicarla es: Si seguimos el pecado y tratamos de complacer a nuestra carne, experimentaremos consecuencias. Sin embargo, ya que tenemos a Cristo, todavía tenemos la firme esperanza de la vida eterna. ¿Cómo sembramos para agradar al Espíritu? Eso puede hacerse de muchas y diferentes formas, pero tengo algunas cosas que quiero animarte a hacer.

Como mencioné en el último capítulo, dedica tiempo a la Palabra de Dios. La Biblia te enseñará lo que Jesús quiere que hagas y cómo quiere que vivas para Él no sólo con tus pensamientos sino también con tus acciones. Él ya nos ha salvado y lo hemos hecho nuestro Señor, por eso ahora la Biblia nos ayuda a seguirlo y a conocerlo cada vez más.

"Toda la Escritura es inspirada por Dios y útil para enseñar, para reprender, para corregir y para instruir en la justicia, 17 a fin de que el siervo de

Dios esté enteramente capacitado para toda buena obra" 2 Timoteo 3:16-17 (NVI).

¡Dios lo dice mejor que nosotros! Su Palabra es útil y nos prepara para hacer buenas obras, por lo tanto, debemos leerla con regularidad. No sólo eso, sino que hablar con Dios es muy importante. La oración es poderosa y una forma de expresar abiertamente cada pensamiento, deseo y petición a Dios.

"Oren en el Espíritu en todo momento, con peticiones y ruegos. Manténganse alerta y perseveren en oración por todos los santos" Efesios 6:18 (NVI).

Dios no quiere que lo retengamos. Llévale todo a Él y deja que te fortalezca y te ayude a crecer mediante eso.

Incluso cuando experimentamos las consecuencias, el caminar con Cristo nos dará poder y nos ayudará a superar cualquier situación. Todavía podemos experimentar gozo y satisfacción al sanar de nuestras heridas y sentir la libertad de nuestros pecados. Después de tratar de encontrar la felicidad en muchos lugares diferentes, me di cuenta de que no hay verdadera felicidad o satisfacción sin Jesucristo.

Las consecuencias del pecado son interminables, desde la infelicidad, circunstancias miserables, sufrimiento, hundirse en las adicciones, y más, sin embargo, una relación continua y vivificante con

Jesús nos ofrece una vida llena de amor incondicional y gozo.

CAPÍTULO 10

Más bien, crezcan en la gracia y en el conocimiento de nuestro Señor y Salvador Jesucristo. ¡A él sea la gloria ahora y para siempre! Amén. 2 Pedro 3:18 (NVI)

¿Cuál es el Propósito?

A medida que el divorcio avanzaba, decidí tener otra charla con Camila. Como mi perspectiva había cambiado tanto, quería dejárselo claro.

Fui honesto con ella y le dije: "Por el bien de nuestras hijas, no quiero pelear. Sabes que no quiero este divorcio, pero haré lo que tú quieras. Quiero que esto sea fácil y quiero que nos tratemos con dignidad".

Camila respondió: "Gracias, Ariel, te lo agradezco. Sigamos haciendo lo mejor para Angelina y Juliana".

Eso se convirtió en mi oración. Como siempre lo hace, Dios respondió a esa oración de manera milagrosa. En la etapa más difícil del divorcio, nos llamaron del colegio de las niñas y nos dijeron lo orgullosos que estaban de Angelina y Juliana. Las dos sobresalían en sus clases. Siempre fueron amables y se ofrecieron a ayudar a sus compañeros. El divorcio fue emocionalmente difícil, pero por la gracia de Dios, Camila y yo logramos que nuestras hijas fueran la primera prioridad.

En la mayor parte del proceso, me representé a mí mismo. Entrar en la corte y resolver todo fue un trámite emocionalmente agotador. Una vez más, reviví todo el dolor por el que hice pasar a Camila y a las niñas. Sin embargo, Dios usó este proceso para el bien mostrándome los desastrosos efectos del pecado, la infidelidad y el divorcio.

Finalizamos nuestro divorcio a finales de 2018. Todavía lucho, pero confiando en Cristo y su amor, estoy mejorando. Estoy aprendiendo a ser un mejor padre y estoy aprendiendo a apoyar a Camila. Somos amigos y tratamos de hacer lo mejor que podemos por nuestras hijas.

En todo momento, la misma pregunta seguía apareciendo.

"¿Por qué?"

Ahora, me doy cuenta de que era la pregunta equivocada. Nunca obtuve la respuesta que quería porque en primer lugar no debí haber hecho esa pregunta. Hay una pregunta diferente que debería haber hecho.

"¿Para qué?"

Greg me dijo que había un propósito en mi sufrimiento, y por muy descabellado que sonara al principio, ahora sé que tenía razón.

"¿Cuál es el propósito?"

Dios siempre tuvo un propósito para mí y para todo lo que me ha pasado. Un propósito para todo, desde el día en que nací hasta ahora. Su propósito era que yo lo conociera a Él y a Su Hijo y que experimentara el interminable amor que me brindan. Que experimentaría Su paz cuando le entregara mi fracaso. Que aprendería a luchar por mi familia y enseñaría a otros a hacer lo mismo.

Lecciones Aprendidas

Finalmente, vi la luz al final del túnel. No digo que mis heridas hubieran desaparecido al instante. Los pensamientos suicidas o las adicciones sexuales no desaparecieron inmediatamente, pero poco a poco, empezaron a desaparecer. Como he dicho antes en este libro, es un proceso.

A veces, nuestras mentes pueden derrotarnos en estas batallas. Tropezaremos y caeremos porque todavía somos humanos imperfectos. De nuevo, incluso después de convertirnos en cristianos, no podemos luchar solos contra estas heridas y adicciones. Tenemos que confiar en la gracia y la misericordia de Dios.

¿Qué dice Dios acerca de pelear batallas?

"Pero ustedes no tendrán que intervenir en esta batalla. Simplemente, quédense quietos en sus puestos, para que vean la salvación que el Señor les dará. ¡Habitantes de Judá y de Jerusalén, no tengan

miedo ni se acobarden! Salgan mañana contra ellos, porque yo, el Señor, estaré con ustedes" 2 Crónicas 20:17 (NVI)

Dios habló esta palabra al pueblo de Judá cuando se reunieron ante Él para pedirle ayuda contra un gran ejército que se preparaba para atacar Judá y Jerusalén. ¡El pueblo sabía que no podía enfrentarse a ellos por su cuenta, así que se humillaron ante Dios, y Dios derrotó milagrosamente al enorme ejército mientras que el ejército de Judá simplemente lo alabó!

Puede que no estemos en las mismas circunstancias que Judá, pero los mismos principios se aplican en nuestras batallas espirituales. Dios y Jesús nos liberan mientras permanecemos firmes, enfrentando nuestras batallas, y confiando en que Él está con nosotros. Mencioné Efesios 6 en el último capítulo, y ahora, te animo a que leas Efesios 6:10-18. Estos versículos muestran que necesitamos ponernos la armadura de Dios mientras enfrentamos batallas espirituales y también que la armadura de Dios nos permite enfrentarnos a los poderes de este mundo oscuro y a las fuerzas espirituales del mal. Aunque caigamos, tenemos un Salvador y Señor que venció el pecado y continúa dándonos poder para vencer. ¡Anímate con eso!

También hay otros pasos prácticos que podemos dar que nos ayudan en nuestras batallas. Primero, crear nuevos hábitos para deshacernos de hábitos malos y nocivos. Si hay una cierta rutina que te lleva a sucumbir a la tentación, ¡deshazte de ella y reemplázala por una nueva! Por ejemplo, si normalmente te caes estando sentado a solas por la noche, vete a otro lugar en ese momento y lee la Biblia. Llama a un amigo antes de empezar y pídele que ore por ti.

Eso me lleva al segundo paso práctico. Tener una persona a la que puedas rendir cuentas. He dicho muchas veces lo importante que es una persona de confianza, aunque esto va más allá de simplemente sincerarse con esa persona. Ten a alguien que te supervise diaria o semanalmente sobre cómo te va en la batalla. Sé honesto con ellos y búscalos cada vez que creas que existe la más mínima posibilidad de ser tentado.

Si no seguimos muchos de estos pasos, nos desalentaremos continuamente al fracasar una y otra vez. Nuestras heridas pueden parecer ineludibles y pueden determinar nuestras adicciones y hábitos. Sin embargo, si realmente nos apoyamos en Cristo y en otros, veremos Su poder y su sanidad obrando en todas estas áreas.

CAPÍTULO 11

Sobre todo, ámense los unos a los otros profundamente, porque el amor cubre multitud de pecados. 1Pedro 4:8 (NVI)

Amor Incondicional

Ahora que has leído mi historia, me gustaría mostrarte mi recorrido de cómo es luchar por tu familia. Sin embargo, antes de hacerlo, quiero compartir lo que he descubierto después de luchar con ello durante años. Reconozco que no sabía cómo amar. Primero luché por amarme a mí mismo, y eso me llevó a otros problemas. Por ejemplo, no sabía cómo pedir perdón, lo cual es un acto de amor. Creo que esto es algo con lo que lidiamos todo el tiempo. Luchamos para comprender y aplicar el amor, empezando por nosotros mismos.

Si no tienes el amor de Cristo en tu corazón, va a ser casi imposible amarte a ti mismo o a los demás como se supone que debes hacerlo. No estoy hablando de cualquier tipo de amor. Me refiero al amor incondicional, el tipo de amor que Jesucristo tiene por ti. Él siempre está contigo. Te ama sin importar lo que hagas y te perdona todos los días. Ese es el tipo de amor del que estoy hablando. Es lo que se necesita para luchar por tu familia.

¿Qué dice Dios sobre el amor incondicional?

"En esto consiste el amor: no en que nosotros hayamos amado a Dios, sino en que él nos amó y

envió a su Hijo para que fuera ofrecido como sacrificio por el perdón de nuestros pecados. Queridos hermanos, ya que Dios nos ha amado así, también nosotros debemos amarnos los unos a los otros" 1 Juan 4:10-11 (NVI).

Todo el libro de 1 Juan habla del amor incondicional de Dios por nosotros que se expresa por medio de la muerte de Cristo por nosotros y cómo ese amor se manifiesta en nuestras vidas. De hecho, el versículo 16 del mismo capítulo señala cómo "nosotros hemos llegado a saber y creer que Dios nos ama".

El amor incondicional no es natural para nosotros como seres humanos pecadores, sin embargo, en Cristo, encontramos ese amor por nosotros mismos y a medida que Él nos llena con Su amor, también podemos dar ese mismo amor a nuestra familia.

Escuché una y otra vez que necesitaba convertirme en el hombre que Dios quiere que sea para Él, para mi familia y para mí mismo. Hace dos años no tenía ni idea de lo que eso significaba, pero hoy sí lo sé. Necesito ser un líder espiritual fuerte para mi familia. Necesito orar por mi familia y luchar por ellos en oración. En los últimos dos años, me he convertido en ese hombre.

También necesito amar a Camila como una hermana en Cristo y a mis dos hermosas hijas de manera incondicional. Con frecuencia ponemos condiciones, aunque no nos demos cuenta. La mentalidad de, "Si me das esto, te amaré", o, "Si haces eso, dejaré de amarte", o, "Si me haces daño, me iré". No estoy diciendo que nunca debas dejar a tu pareja. Hay veces que esto tiene que suceder, especialmente en caso de abuso. Lo que digo, sin embargo, es que no deberías alejarte sólo porque las cosas sean difíciles.

Uno de los aspectos más difíciles fue recuperar mi identidad como hombre y descubrir quién era. Una vez que lo hice, pude empezar a sanar mi corazón de todas las otras heridas de mi pasado, algo que he estado haciendo durante los últimos dos años. Me propuse tomar la decisión de ser el hombre que Dios quiere que sea. Elijo honrarlo con todo en mi vida, incluyendo mi vida sexual. Además, no quiero decepcionarlo.

En lo que respecta a mi familia, he aprendido a amarla incondicionalmente. Lucharé por mis hijas. Quizás te preguntes por qué luché por Camila durante mucho tiempo después de que nos separamos. Sentí que Dios me estaba guiando para seguir luchando por ella y no darme por vencido. Ella soportó durante casi doce años y esperó que yo cambiara. Sé que oraba para que me convirtiera en el hombre con el que soñaba. Un hombre cariñoso y fiel, que la amara y la protegiera para siempre. Yo no lo hice. Le fallé, a pesar de que esperó doce años para que yo cambiara antes de irse. Por eso la esperé por tanto tiempo. Luché por ella hasta que Dios me dijo que ya no debía hacerlo.

También estoy luchando por mis hijas. Hace un año y medio, algo me sorprendió. Empecé a imaginarme a Angelina y Juliana casándose en el futuro. Comprendí que ahora quiero que se casen con alguien como yo, no con el Ariel de antes. Eso me da el coraje y la motivación para seguir esforzándome y convertirme en el hombre y padre que Dios quiere que sea para ellas.

Quiero ser un buen ejemplo y un modelo a seguir para mis hijas. Lo hago orando por ellas por la mañana y por la noche antes de que se vayan a dormir. También oro por sus futuros esposos. Incluso pequeños detalles como abrirles la puerta del auto o decir por favor y gracias sirven como ejemplo. Les enseña a mis hijas cómo debe actuar un caballero.

Otra razón por la que lucho tanto por mis hijas es porque quiero romper la maldición del divorcio en nuestra familia. Tenemos varios divorcios en nuestra familia cercana, y no quiero que mis hijas nunca experimenten eso. Ahora estamos construyendo un nuevo legado en el que todos permanezcan en esta amorosa familia. Eso no significa que vaya a ser fácil y que no tengamos problemas. Los tendremos, pero en este camino, estoy enseñando a mis hijas que luchamos por lo que amamos, y amamos con ese amor incondicional de Jesucristo.

Parte de ese fundamento también es mostrar a mis hijas cómo luchar por su familia y sus seres queridos en un mundo que les enseña a seguir con su vida cuando hay un mínimo indicio de problemas. El mundo nos dice que nos merecemos algo mejor, ser felices, o incluso elegir lo que sea más nuevo y bonito. Eso puede ser lo que escuchamos todo el tiempo, pero esa no es la respuesta.

He conocido gente en los últimos cuatro años que están en su segundo o tercer divorcio, y todavía están lidiando con los mismos problemas. Son infelices y de alguna manera siguen conectados a su primer cónyuge. Sus heridas los están consumiendo vivos en su interior, así como me pasó a mí. A diferencia de mí, nunca se tomaron el tiempo de sanar su corazón antes de seguir adelante.

Esa es otra razón por la que decido quedarme soltero hasta que Dios me muestre algo diferente. Veo que la gente salta de una relación a otra en busca de algo más. Si quieres más, necesitas ser más. Si has estado haciendo algo durante años y no ves los resultados que quieres, tienes que cambiar. Tienes que hacer algo diferente para obtener un resultado diferente, y luchar por tu familia es la mejor cosa "diferente" que puedes hacer.

Sé que todo el dolor que pasé y el dolor que le causé a mi familia no era de Dios. Fueron las consecuencias de mis pésimas acciones y malas elecciones. Una vez más, había un propósito para todo esto. El propósito era poner los cimientos de Cristo para todas mis generaciones futuras, enseñarles cuál es Su amor incondicional, y cómo no rendirse y luchar por tu familia.

Hoy me mantengo fuerte porque vale la pena luchar por mi familia. ¿Sabes qué? Si no lucho por mis hijas, nadie lo hará. Nadie más va a orar por ellas ni a rescatarlas. Eso depende de mí. Podré demostrarles con este libro que me estoy liberando de todas mis maldiciones. Estoy cerrando las puertas al abuso, la adicción y el divorcio. ¡La RUINA termina conmigo! Para terminar, te animo de nuevo a que conozcas a Jesucristo. Incluso cuando estaba en la cima del mundo en mi carrera, nunca me sentí feliz en el trabajo o en casa. Sólo encontré la verdadera salvación en Cristo Jesús.

"De hecho, en ningún otro hay salvación, porque no hay bajo el cielo otro nombre dado a los hombres mediante el cual podamos ser salvos" Hechos 4:12

Dale una oportunidad. Gracias a Él superé mis heridas y adicciones. Aprendí a ser auténtico y honesto, a mantener relaciones sanas, a luchar por mi familia, y una de las cosas más importantes, a amar incondicionalmente. Le permito que examine continuamente mi corazón. Tú puedes tener esa misma vida.

En cuanto a Camila, Dios me ha mostrado claramente varias veces en el último año que la puerta con ella está cerrada y no se abrirá. Estoy en paz si la puerta está cerrada porque hice lo que tenía que hacer para luchar por mi familia durante muchos años. Entiendo que se necesitan dos personas para reconciliarse y restaurar un matrimonio. Eso no significa que no podamos reconciliarnos como hermanos en Cristo.

Mi función principal ahora es ser el ejemplo que mis hijas necesitan. Mi mayor objetivo ahora es ver que Angelina y Juliana sigan a Jesús y vivan sus vidas plenamente para Él. Confío en el Padre y sé que tiene un poderoso plan para mí y mis hijas.

Desde hace algún tiempo he estado orando para que Dios me muestre qué hacer y cómo hacerlo, y lo más importante es que he estado orando para que Dios honre mi corazón.

Los amo a todos. Que Dios los bendiga.

Recursos que salvaron mi vida

Family ID

Me gustaría hablar un poco más sobre Family ID. Family ID significa Dirección Intencional y fue fundada por Greg y Rhonda Gunn hace unos veinte años. Cuando Greg me habló por primera vez de eso, estaba pasando por el momento más difícil de mi separación. Estaba sufriendo y no tenía ninguna dirección en mi vida. Tan pronto como participé en mi primer taller, empecé a entender lo que es Family ID, lo que hacemos y por qué lo hacemos.

El objetivo es ayudar a las familias a alinear sus prioridades y comenzar a establecer sus cimientos en Cristo. Lo hacemos a través de talleres que se enfocan en enseñar como determinar y escribir la visión, misión y valores de la familia. Una vez que lo haces, te mostramos formas prácticas para que puedas vivir esas afirmaciones con el fin de transmitirlas a las generaciones futuras.

Tenemos varios formatos para el taller, y el objetivo es que todos los integrantes de la familia participen, incluyendo los niños. No se trata sólo de lo que mamá y papá quieren, sino también de lo que los niños quieren. Si saben leer y escribir, pueden asistir. Queremos que participen en la definición de la visión, misión y valores de su familia. Para todos los integrantes de la familia, es realmente poderoso.

Durante el taller también hablamos de las relaciones. Tratamos las necesidades del hombre y las necesidades de la mujer. Profundizamos en cómo tener una mejor relación con los diferentes integrantes de la familia y cómo todos en la familia necesitan tratarse mejor de lo que tratan a sus mejores amigos. Todos estos principios juntos te ayudarán a empezar a construir una base y un legado para las generaciones venideras. Tampoco dejamos las cosas así. Hacemos un seguimiento con nuestros participantes. Queremos que empiecen a vivir lo que aprendieron y que empiecen a mostrar los valores que eligieron durante el taller.

Hoy en día, Family ID está en siete países, y hemos impactado a miles de familias. Hace un año, pudimos llevar a Family ID a las familias de habla hispana de todo el mundo. Tenemos equipos sólidos en Sudamérica. Hemos entrenado y desarrollado equipos en Argentina, Uruguay, Paraguay, Colombia y República Dominicana. En octubre de 2019, lideraron doce talleres por cuenta propia.

Las herramientas adquiridas a través de nuestros talleres son invaluables para las familias. El hecho de poder determinar la visión, la misión y los valores de tu familia es vital para el éxito o el fracaso. Las empresas, las iglesias e incluso las grandes corporaciones han escrito declaraciones de misión, pero nunca pensé en tener lo mismo para mi familia hasta que aprendí sobre Family ID.

¿Qué dice Dios sobre tener una visión o hacer planes?
"Los planes bien pensados: ¡pura ganancia! Los planes apresurados: ¡puro fracaso!" Proverbios 21:5 (NIV)

Este versículo tiene muchas aplicaciones, pero creo que también puede aplicarse a los planes de cada familia. Si la familia no tiene una visión y no es diligente en esa visión y en el trabajo que requiere, perecerá. Tienes que saber a dónde vas y cómo vas a llegar allá. Si no lo tienes, terminarás en medio de la nada sin orientación. Family ID ayuda a darte esa dirección. Es una brújula que te llevará a ti y a tu familia por el camino correcto.

Family-iD.com

Club de Lucha

"Hombres y mujeres que luchan por sus matrimonios y familias a través de la verdad bíblica".

Comencé a asistir al grupo del Ministerio del Club de Lucha a principios del 2016. Durante ese tiempo, aprendí sobre todas las heridas emocionales que tenía y lo más importante, cómo sanarlas.

En el club de lucha encontré hombres cristianos honestos, auténticos y extraordinarios dispuestos a ayudarme y apoyarme en todo el proceso. El recurso más importante y valioso que recibí del Club de Lucha fue tener a mi alrededor hombres que oraron conmigo, que me hicieron rendir cuentas, que me amaron y que se preocuparan por mí mientras atravesaba la temporada más difícil de mi vida.

No estaría aquí hoy hablando contigo si no fuera por el Club de Lucha y por esos hombres que tomaron la decisión de invertir en mi vida.

El Club de Lucha es un ministerio que ayuda al hombre y a la mujer a tener una verdadera relación con Dios, a estabilizarse emocionalmente, a reconciliarse con su cónyuge actual o ex-cónyuge, y a convertirse en el líder espiritual de su familia.

Fightclubokc.com

Acerca del autor

Ariel Delgado es de nacionalidad uruguaya, pero actualmente lleva 18 años en Oklahoma, EE.UU., de donde es ciudadano. Ariel es un coach de vida, autor, capellán corporativo, conferencista, asesor financiero. Su pasión a lo largo de los años ha sido desarrollar líderes en diferentes actividades en los EE.UU. Nada en su vida ha igualado su pasión por Dios y el poder de ayudar a restaurar familias. Es el líder regional en los EE.UU. y América Latina para Family ID. el ministerio de la familia. Su visión es llevar un mensaje de restauración familiar a cada rincón del mundo.

Ariel Delgado es el padre de dos hermosas jovencitas llamadas Angelina y Juliana, y son el propósito de su vida. En los últimos 4 años se ha convertido en un líder espiritual para sus hijas, guiándolas hacia los principios de Jesucristo.

Ariel es y ha sido un luchador con la mentalidad de ir siempre adelante y superar cualquier obstáculo que se le presente.

Made in the USA
Middletown, DE
31 October 2024